여론, 전문가의 탄생

돋을새김 푸른책장 시리즈 **034**

여론, 전문가의 탄생

초판 발행 2022년 9월 5일

지은이 | 에드워드 버네이즈
옮긴이 | 권혁
발행인 | 권오현

펴낸곳 | 돋을새김
주소 | 경기도 고양시 일산동구 하늘마을로 57-9 301호 (중산동, K시티빌딩)
전화 | 031-977-1854 팩스 | 031-976-1856
홈페이지 | http://blog.naver.com/doduls 전자우편 | doduls@naver.com
등록 | 1997.12.15. 제300-1997-140호
인쇄 | 금강인쇄(주)(031-943-0082)

ISBN 978-89-6167-323-5 (03300)
Korean Translation Copyright ⓒ 2022, 권혁

값 13,000원

*잘못된 책은 구입하신 서점에서 바꿔드립니다.
*이 책의 출판권은 도서출판 돋을새김에 있습니다. 돋을새김의 서면 승인 없는
무단 전재 및 복제를 금합니다.

돋을새김
푸른책장
시 리 즈
0 3 4

여론, 전문가의 탄생

에드워드 버네이즈 지음 | **권혁** 옮김

돋을새김

***

군중은 경쟁을 좋아한다

에드워드 버네이즈(Edward Bernays 1891~1995)

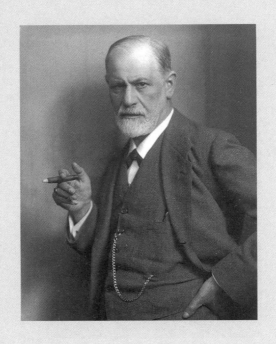

* * *

지그문트 프로이트(Sigmund Freud 1856~1939).

버네이즈는 유명한 정신분석학자이며 외삼촌인 프로이트와 정기적으로 편지를 주고받으며 인간의 무의식과 보편적인 열망, 감정과 본능에 관한 새로운 지식을 얻게 되었다. 그런 지식을 바탕으로 축음기와 담배, 비누에서부터 정치인과 이데올로기까지 자신이 포장해 판매해야 하는 모든 캠페인에 활용했다.

* * *

1918년 파리평화회담에 참석한 버네이즈(오른쪽에서 두 번째).

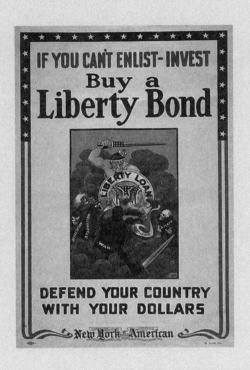

* * *

〈당신의 돈으로 조국을 지키세요〉 전쟁자금 조달을 위해 애국심에 호소하는 미국 연방공보위원회(CPI)의 자유채권 포스터. CPI는 미국 역사상 최초의 선전기관이다. 버네이즈는 제1차 세계대전 중 CPI에서 선전과 심리전을 펼치는 홍보요원으로 활동했다.

* * *

〈오래된 편견을 치워버리다〉 20세기 이전에는 여성의 흡연이 부적절한 습관으로 금기시 되었다. 담배회사의 의뢰를 받은 버네이즈는 여성흡연과 여성해방운동을 결합시킨 캠페 인을 펼쳐 성공적인 결과를 이끌어냈다.

＊＊＊

버네이즈의 캠페인을 통해 엄청난 성공을 거두게 된 연극 〈손상된 상품〉이 1917년에는 리 차드 베네트 주연의 무성영화로 제작되었다. 사회적으로 금기시되고 있던 성병과 매춘의 문제를 다룬 이 연극은 당대의 유명인사들이 적극적으로 참여하는 사회운동의 성격을 띠 게 되었다.

* * *

1916년 우드버리의 비누광고 '당신이 만지고 싶은 피부'. 안식처와 성욕 그리고 식욕을 포함한 인간의 기초적인 자기보존 본능을 이용한 광고는 주목도가 높다.

* * *

〈민주주의를 위해 세계를 안전하게 지켰습니다〉 세계대전이 끝난 후 귀국한 퇴역군인들의 재취업은 커다란 사회문제가 되었다. 미국 육군성의 의뢰를 받은 버네이즈는 민주주의와 애국심을 내세워 기업들을 상대로 대대적인 캠페인을 펼쳤다.

* * *

토스트와 커피로 이루어진 미국인의 간편한 아침식사에 베이컨을 추가시키기 위한 비치
넛 베이컨 광고. 든든한 아침식사가 영양학적으로 건강에 좋다는 유명 의사의 연구논문
을 내세운 대대적인 캠페인을 통해 에그&베이컨으로 아침식단을 정착시켰다.

일러두기

1. 원문의 public relations는 홍보로, public relations counsel과 consultant는 홍보고문으로 번역했다.

2. 원문의 William Trotter는 저자의 오기(誤記)이므로 윌프레드 트로터(Wilfred Trotter)로 바로잡았다.

✳ 차례

✤
나의 아내 플라이슈만에게

서문

이 책을 집필하면서 나는 홍보고문(Public Relations Counsel)이라는 새로운 직업에 적용되는 광범위한 원칙들을 규정하기 위해 노력했다. 이런 원칙들에서 나는 한편으로는 심리학자, 사회학자 그리고 신문인들 — 레이 스태너드 베이커(Ray Stannard Baker), 블레이어(W. G. Bleyer), 리차드 워시번 차일드(Richard Washburn Child), 엘머 데이비스(Elmer Davis), 존 기븐(John L. Given), 윌 어윈(Will Irwin), 프랜시스 르프(Francis E. Leupp), 월터 리프먼(Walter Lippmann), 윌리엄 맥두걸(William MacDougall), 에버렛 딘 마틴(Everett Dean Martin), 멩켄(H. L. Mencken), 롤로 오그덴(Rollo Ogden), 찰스 로즈벌트(Charles J. Rosebault), 윌프레드 트로터(Wilfred Trotter), 오스왈드 개리슨 빌라드(Oswald Garrison Villard) — 을 비롯한 여러 사람의 연구결과를 구체적으로 적용했으며, 대중의 마음과 습성에 관한 그들의 명쾌한 분석에 많은 신세를 졌다. 다른 한편으로는, 이러한 원칙들의 증거가 되는 몇 가지 특별한 사례들을 활용하여 설명했다. 여기에 수록된 인물들이 다루었던 상황이 홍보고문이 활동하는 분야의 일부이기 때문에 그들의 글을 인용했다.

인용한 실제 사례들은 이론의 실질적인 적용을 보여주기 때문에 선택된 것들이다. 사례로 든 것들은 대부분 나의 개인적인 경험에서 가져온 것이며, 일부는 사건에 대한 나의 관찰의 결과이다. 선례가 거의 없으며 소수의 공식화된 규칙들이 필연적으로 수없이 다양하게 적용되는 이 직업을 생생하게 설명하기 위해 일반 대중들에게 알려진 사실들을 인용했다.

불과 몇년만에 이 직업은 곡예단에서 관객을 모으던 신분에서 세계 정치 속에서 중요한 역할을 하게 될 정도로 눈에 띄게 발전했다.

이 분야에 대한 개관을 통해 홍보 연구를 향한 과학적인 태도를 불러일으킬 수 있다면, 이 책을 집필한 나의 목표를 이루게 되는 것이라 생각한다.

1923. 12월.

에드워드 L. 버네이즈

제1부

활동 범위와 기능

제1장

홍보고문의 활동 범위

우리들의 언어에 홍보고문(Public Relations Counsel)이라는 새로운 용어가 등장했다. 홍보고문이 무엇일까?

사실, 실제 용어는 이 업무에 밀접하게 관계하고 있는 소수의 사람들만이 정확하게 이해하고 있다. 이런 상황에도 불구하고, 홍보고문의 활동은 모든 사람들의 일상생활에 어떤 식으로든 영향을 끼치고 있다.

최근 홍보고문이라는 직업의 놀라운 성장에도 불구하고 이와 관련된 정확한 정보의 부족 때문에 이 직업의 활동 범위와 기능에 대해 미스터리한 분위기가 형성되어 있다. 평범한 사람들에게는 여전히 이 직업의 작용과 실질적인 성과가 뚜렷하게 떠오르지 않는다. 혹시 가장 명확한 이미지가 있다면, 대중의 마음에 어떻게 해서든 여배우, 정부, 철도와 관련된 인상을 심어주기 위해 모호하게 정의된 '프로파간다(propaganda, 선전)'라는 해악을 만들어 내는 사람이라는 것이다. 하지만 앞으로 명확하게 설명되겠지만, 지난 10년 동안 유익한 영역을 훌륭하게 넓혀왔으며, 일상생활 이라는 긴밀하고 중요한 측면에 이 직업보다 더 뚜렷하게 영향을 끼친 단일직업은 없을 것이다.

새로운 이 직업에는 다른 사람들이 규정해놓은 어떤 명칭도 없다. 어떤 사람들은 '선전업자'라고 알고 있으며, 어떤 사람들은 여전히 언론홍보 담당자(press agent) 또는 광고대리업자(publicity man)로 부르고 있다. 훌륭한 저널리즘 교과서를 집필한 존 기븐 은 지난 몇 년 동안의 글에서 홍보고문은 전혀 언급하지 않는다. 단지 과거의 언론 홍보담당자에 대해서만 언급하고 있을 뿐이다. 다수의 기관들에서는 개별적인 명칭에 대해 전혀 고민하지 않으 며, 기존의 임원에게 홍보고문의 임무를 부여하기도 한다. 그래 서 어떤 은행의 부행장은 공식적인 홍보고문이기도 하다. 이 분 야에 대해선 생각조차 하지 않거나, 직업 전체와 개별적인 구성 원들을 모두 비난하는 사람들도 있다.

인정하지 않으려는 근거들을 조금만 살펴보아도 전혀 구체적 이지 않은 모호한 인상일 뿐이라는 것을 알 수 있다.

게다가 일반대중이 그렇듯이, 정작 이 직업에 종사하는 사람 들도 자신들이 하는 일을 정의할 준비도, 정의할 수도 없다는 것이 사실일 수도 있다. 어느 정도는 이 직업이 새로운 것이라는 사실에서 기인하는 것은 분명하지만, 그보다 더 중요한 사실은 대부분의 인간 활동이 분석보다는 경험에 근거한다는 것 때문이다.

　　뉴욕주 항소법원의 카도조(Cardozo) 판사도 재판관의 기능에 대한 정의가 없다는 것을 알고 있었다.

　　"이 나라 전역에 있는 수백 개의 법정에서 매일 소송사건의 판결이 진행된다. 사람들은 판사라면 모두 수천 번 이상 진행해온 그 과정을 쉽게 설명할 수 있으리라 생각할 것이다. 그것은 전혀 사실이 아니다. 약간의 지식이 있는 일반인이 그에게 설명해달라고 부탁해보자. 그가 '장인의 언어는 그 기술을 정식으로 훈련받지 않는 사람들이 이해하기는 어렵습니다.'라는 핑계로 얼버무리기까지 그리 오랜 시간이 걸리지 않을 것이다. 이런 식의 핑계는 낯 뜨거운 회피를 합리성이라는 외피로 덮어 감추는 것이다. 하지만 자신의 호기심이나 양심의 가책을 해소하지는 못한다. 그래서 충분한 지식이 없는 상대방에게 굳이 지혜롭게 보일 필요가 없는 자기성찰의 시간이 찾아오면, 그 골치 아픈 문제가 다시 머릿속에 떠오르고 해답을 요구하게 될 것이다. 소송사건을 판결할 때 내가 하는 일이란 과연 무엇일까?"

내가 모아두었던 기록들과 대중이 여전히 생생하게 기억하고 있는 현재의 사건들로부터 몇 가지 사례들을 선택했다. 이 사례들은 한정된 범위 내에서 홍보고문이 하는 일의 다양성과 그가 해결하려 시도하는 문제들의 유형을 어느 정도는 알려줄 수 있을 것이다.

　　이 사례들은 자신의 고객이 대중의 일상생활과 부딪히는 활동들을 관리하고 감독하는 사람이라는 그의 위치를 보여준다. 그는 자신의 고객을 대중에게 설명해준다. 그것은 그가 부분적으로는 대중을 그의 고객에게 설명해주기 때문에 가능한 일이다. 구체적인 형식이든 하나의 아이디어이든 상관없이 그는 자신의 고객이 대중 앞에 등장하게 되는 모든 경우에 조언을 제공한다. 발생하는 행위들에 대한 것뿐만이 아니라 이런 행위들의 대상인 대중에게 전달해줄 매체의 활용에 대해서도 조언한다. 이러한 매체들이 인쇄물이거나 말이거나 시각언어이거나 상관없다. 즉, 광고, 강연, 무대, 설교, 신문, 사진, 전보, 우편물을 비롯한 모든 생각 전달형식을 활용한다.

　　전국적으로 유명한 뉴욕의 어느 호텔은 사업이 급속도로 악화되고 있다는 것을 알게 되었다. 이제 곧 문을 닫을 것이며, 그 자리에 백화점이 들어설 것이라는 소문 때문이었다. 소문의 근거나 그 소문이 신뢰를 얻게 되는 과정보다 더 파악하기 어려운 일은 없을 것이다. 그 소문을 무조건 믿어버린 사람들은 서너 달 전에 해두었던 호텔의 예약까지 취소해버렸다.

근거 없는 대부분의 소문이 그렇듯이, 이런 소문을 상대하는 문제는 어려울 뿐만 아니라 심각한 것이기도 하다. 당연하게도 단순한 부인은 제아무리 단호하게 또는 제아무리 널리 퍼뜨린다 해도 제대로 효과를 거두지 못한다.

홍보고문은 그 소문을 극복할 유일한 방법은 명확한 증거를 통해 사업을 지속한다는 의지를 대중에게 알리는 것뿐이라고 파악했다. 마침 그 호텔의 지배인은 호텔만큼이나 널리 알려진 인물이었고, 계약이 곧 종료될 예정이었다. 홍보고문은 매우 간단한 방안을 제시했다.

"즉시 그의 고용기간을 몇 년 더 연장하십시오. 그 후에 그 사실을 공개적으로 발표하는 겁니다. 그 계약갱신이나 계약액수를 듣게 된 사람들은 당분간 호텔이 사업을 그만둘 생각이 없다고 믿게 될 겁니다."

사장은 호텔지배인을 만나 5년의 고용기간을 제시했다. 그의 연봉은 은행장들이 부러워할 만한 액수였고, 곧 그의 고용계약이 발표되었다. 호텔지배인은 전국적으로 유명한 인물이었으므로 새롭게 약정된 연봉은 그런 두 가지 면에서 대중적인 관심이 없는 일이 아니었다. 이 이야기는 즉시 신문사들의 관심을 끌어 모았다. 전국적인 언론사가 그 이야기를 기사로 다루었고 모든 구독자들에게 전달되었다. 예약 취소는 중지되었고 뜬소문은 사라졌다.

전국적으로 유명한 한 잡지사는 영향력이 큰 광고주들 사이에 지명도를 높이겠다는 목표를 갖고 있었다. 그들은 잡지를 직접 유통시키는 것 외의 다른 노력은 전혀 하지 않고 있었다. 잡지사의 홍보고문은 잡지에 등장하는 대단히 유익한 편집기사들이 쉽사리 묻혀버리고 만다는 사실을 발견했다. 우연히 그 잡지의 독자가 되지 않는 한 수천 명의 잠재 독자들을 끌어들일 수 있는 특집기사들이 전혀 관심을 받지 못하고 있었던 것이다.

홍보고문은 잡지의 기사를 더욱 광범위하게 알릴 수 있는 방법을 제안했다. 그는 우선 유명한 의사가 작성한 기사를 선택했다. '수명을 단축시키는 생활 속도'는 느리고 무덤덤하고 판에 박힌 속도이지 재미있고 흥분되는 일을 하면서 강한 압박을 받는 속도가 아니라는 재미있는 주제를 다루고 있는 기사였다. 홍보고문은 의학전문지와 관련이 있는 다른 의사에게 그 기사의 주제를 바탕으로 전국의 사업가와 전문가들을 상대로 설문조사를 실시하도록 의뢰했다. 광고주들에게 널리 알려진 수백 명의 '상류층 대중'

이 그 기사에 관심을 집중시키게 되었으며, 더불어 홍보고문이 조언했던 그 잡지도 큰 관심을 끌게 되었다.

전국의 주요 인사들이 내놓은 답변을 모아 분석한 후 그 결과의 요약본을 신문과 잡지를 비롯한 유명매체들에 무상으로 제공하여 널리 알렸다. 요약본에 수록된 내용이 흥미를 자극하는 것이었기 때문에 사업가와 전문가 단체들은 그것을 수천 부씩 인쇄하여 무료로 배포했다. 때마침 미국을 방문 중이던 리버흄 경(Lord Leverhulme)도 이 주제에 관심을 갖게 되었고, 영국에서 열린 영향력 있는 대규모 컨퍼런스에서 그 잡지의 기사를 기초로 연설을 했다. 당시까지만 해도 사회적으로 중요한 간행물로 인정받지 못하던 그 잡지는 전국적으로 그리고 국제적으로 대중의 관심을 끌어 모았다.

홍보고문은 계속 그 잡지와 함께 일하면서 전혀 다른 화젯거리로 또 다른 대중에게 영향력을 확대하기 위한 방법을 제안했다. 그는 다음 주제로 필립 깁스 경(Sir Philip Gibbs)의 '굶주린 어린이의 성모 마리아'라는 기사를 선택했다. 유럽의 기아 상황을 다루면서 즉각적인 해소의 필요성을 역설하는 기사였다. 이 기사는 허버트 후버(Herbert Hoover: 미국 제31대 대통령)의 관심을 끌게 되었고, 그 기사에 깊은 감명을 받은 후버는 잡지사에 감사의 편지를 보냈다. 또한 그 기사의 사본을 자신이 운영 중이던 전국의 난

민구제위원회 회원들에게 발송했다. 그러자 난민구제위원회는 원조사업을 위한 지원과 기부를 얻는데 그 기사를 활용했다. 그렇게 해서 중요한 인도주의적 프로젝트는 실질적인 원조를 받게 되었으며, 잡지는 영향력과 명성을 얻게 되었다.

이 작업에서 흥미를 끄는 점은 홍보고문이 수년 동안 이런 성격의 기사들을 발행해왔던 잡지의 내용에는 아무것도 추가하지 않았지만, 그 잡지의 중요성을 인식하도록 만들었다는 것이다.

한 대형 식품가공회사는 특별한 베이컨 브랜드의 판매 증진이라는 문제에 직면해 있었다. 회사는 이미 그 분야의 시장을 지배하고 있었으므로 시장지배력은 자연스럽게 지속되겠지만 문제는 전반적인 베이컨의 소비량을 늘리는 것이었다.

풍부한 아침식사가 영양학적으로 옳다는 사실을 알게 된 홍보고문은 한 의사에게 이런 의학적 사실을 명확히 알릴 수 있는 연구를 수행하도록 의뢰했다. 그는 이런 사실을 널리 알린다면 아침식사로서 베이컨에 대한 수요는 자연스럽게 늘어날 것이라고 생각했다. 그의 예상은 적중했다.

어느 헤어네트(머리그물망) 회사는 단발머리가 널리 유행하면서 발생한 문제를 해결해야 했다. 단발머리의 유행으로 헤어네트의 사용이 줄어들고 있었던 것이다. 조사를 마친 홍보고문은 국내 여성들의 리더로서 이 문제에 대한 사교클럽 여성들의 의견이 분명하게 알려지도록 해야 한다고 조언했다. 그는 그들의 명확한 의견이 단발머리 유행을 틀림없이 변화시킬 것이라고 믿었다. 유명한 예술가가 이 주제에 관심을 갖고 국내 여성클럽 지도자들을 대상으로 조사를 실시했다. 조사 결과는 홍보고문의 판단이 옳다는 것을 보여주었다. 이 여성들의 의견은 대중에게 전달되었고, 그동안 파악할 수 없었던 이 문제에 대한 대중의 명확한 의견을 널리 알리는데 도움이 되었다. 긴 머리가 단발머리보다 사회적으로 보다 더 인정받게 되었으며, 그로 인해 단발머리 유행은 어느 정도 억제되었다.

롱아일랜드의 부동산회사는 공동아파트를 상류층 고객에게 판매하려는 목표를 세우고 있었다. 그러기 위해서는 맨해튼에서 쉽게 접근할 수 있는 이 공동체가 사회적, 경제적, 예술적, 도덕적으로 최적의 장소라는 사실을 대중에게 각인시켜야 한다고 판단했다. 회사는 홍보고문의 조언에 따라 단순히 그런 미덕이 있는 공동체라고 알리는 대신, 다양한 공동체 생활이 역동적으로 펼쳐지는 중심지로 만들어 자신들의 주장을 극적으로 입증해 보였다.
예를 들어, 단지 내에 첫 번째 우체국을 열면서 회사는 이 지역 행사가 전국적인 관심을 끌도록 만들었다. 개국 행사는 제대로 형식을 갖추어 진행되었으며, 전국적으로 유명한 인사들이 단순한 지역 행사가 될 뻔했던 개국 행사에 관심을 갖게 되었다.

1918년에 이탈리아가 피아베 강에서 겪었던 패배는 이탈리아와 동맹군의 사기를 떨어뜨리는 일이었다. 그 결과들 중의 한 가지는 이탈리아인들 사이에서 군사적, 재정적, 도덕적 지원을 약속했던 미국의 진정성에 대한 불신이 싹트게 된 것이었다.

미국이 이탈리아인들에게 협력의 진실성을 극적으로 생생하게 알리는 것이 시급한 일이었다. 이런 목적을 위한 방법들 중의 한 가지로 연방정보위원회(CPI)는 최근에 완성된 미국 선박의 명명식을 가능한 모든 방법을 동원하여 이탈리아인들에게 우호관계를 과시하는 행사로 만들어야 한다고 결정했다.

홍보고문은 미국 내의 저명한 이탈리아인들에게 '피아베 호'의 진수식에 참석해달라는 초청장을 보냈다. 행사는 영화와 사진으로 제작되었으며, 진수식과 함께 미국인들에게 그 행사가 중요하다는 사실을 알리는 뉴스가 이탈리아의 신문사들에 타전되었다. 동시에 미국의 지원을 확신한다는 이탈리아계 미국인들의 메시지가 이탈리아에 전달되었다. 이탈리아 동포들의 존경을 받는 엔리코 카루소, 메트로폴리탄 오페라의 지휘자인 가티 가자차를 비롯한 유명 인사들이 자국민의 용기를 북돋는 전보를 보냈다. 미국의 협력을 확신한다는 그들의 소식은 이탈리아의 사기를 높이는데 결정적인 효과가 있었다. 이 행사에 관한 정보를 널리 알리기 위해 활용된 다른 수단들도 똑같은 효과를 발휘했다.

내가 고른 다음 사례는 다른 사건들보다 홍보고문의 업무에 대한 대중의 생각에 더 가까운 것이다. 1919년의 봄과 여름에 퇴역군인을 평상적인 생활에 적응시키는 것이 심각하고 어려운 문제로 떠올랐다. 이제 막 외국에서 돌아온 수천 명의 남성들이 직업을 구하는데 어려움을 겪고 있었던 것이다. 전쟁에서 겪었던 일들로 인해 그들이 이런저런 이유로 전쟁 기간 동안 군복무를 하지 않았던 사람들과 정부에 대해 좋지 않은 감정을 품게 된 것은 놀라운 일이 아니었다.

육군장관 보좌관인 아서 우드 대령이 지휘하던 육군성은 퇴역군인의 고용 지원을 위한 전국적인 캠페인을 시작하면서, 정부가 그들의 복지에 지속적인 관심을 갖고 있다는 것을 최대한 확고하게 보여줄 수 있어야 했다.

1919년 7월에 캔자스는 노동력 부족으로 상당량의 밀을 수확하지 못할 상황에 처해 있었다. 퇴역군인의 재취업을 위한 육군성의 활동은 이미 널리 알려져 있었으므로, 캔자스 시 상업회의

소는 밀 수확 지원 인력의 공급을 위한 다방면에 걸친 자체적인 노력이 실패한 후 워싱턴의 육군성에 직접 도움을 요청했다.

홍보고문은 캔자스의 고용 계획을 담은 성명문을 준비해 전국의 신문사들을 통해 대중에게 널리 알렸다. 연합통신사 AP는 이 성명문을 뉴스 속보로 타전했다. 나흘이 채 되지 않아 캔자스 시의 상업회의소는 육군성에 연락하여 밀 수확을 위한 충분한 노동력이 확보되었다는 사실을 알렸다. 그들은 노동력이 필요하다는 것을 알렸던 것처럼 이 소식도 공개적으로 알려줄 것을 육군성에 요청했다.

앞의 사례들과는 달리 대중이 잘 이해하지 못하는 업무 유형이 있다. 퇴역군인들을 일상적인 경제적, 사회적 관계로 회복시키기 위해 진행되었던 똑같은 캠페인의 다른 사례를 인용해보자.

사회복귀 문제는 당연하게도 무척 어려운 문제이다. 육군, 해군, 해병대 퇴역군인의 고용 확대에 사업가들의 협력을 이끌어내기 위해 다양한 수단들이 채택되었다. 이러한 계획들 중의 한 가지는 미국 사업가들의 개인적이며 지역적인 자부심에 호소하면서, 국가에 복무했던 과거의 고용인들을 재고용하여 그들의 명예를 존중할 의무가 있다는 것을 강조하는 것이었다.

육군성과 해군성에 퇴역군인의 재고용을 보장하겠다는 의사를 밝힌 고용주들의 상점과 공장에 전시하기 위한 육군장관과 해군장관 그리고 육군장관 보좌관이 서명한 감사장이 준비되었다. 동시에 5번가협회의 회원들은 1919년 7월 14일의 바스티유 데이 (Bastile Day: 프랑스 혁명 기념일) 행사에서 이 감사장들을 모아 전시회를 준비했다.

영향력이 큰 사업가 모임인 뉴욕시의 5번가협회는 퇴역군인의 재고용을 위해 중요했던 이 캠페인에 최초로 협력한 단체였을 것이다. 한 가지 사안에 대한 그들의 일치된 행동은 퇴역군인의 재고용만큼이나 대중의 특별한 관심을 끌 정도로 흥미로운 일이었다. 미국 산업계의 지도자들에 대한 이 이야기는 우편과 입소문 그리고 신문 논평을 통해 전국으로 퍼져나갔다.

그들의 사례는 전국 각지에 있는 사업가들의 협력을 이끌어내는 효과가 있었다. 이들의 사례에 기초한 호소문이 전국에 있는 수천 명의 개인사업자와 고용주에게 발송되었으며, 대단히 큰 효과를 거둘 수 있었다.

앞에서 소개한 이벤트의 기술적이며 심리적인 관심사들이 대부분 구현되었던 사례는 1919년에 대중적인 공감과 공적인 승인을 얻기 위해 펼쳐졌던 리투아니아 캠페인이었다.

유럽의 재편 과정에서 리투아니아는 정치적으로 대단히 중요했지만, 미국 대중에게는 잘 알려지지 않은 나라였다. 게다가 리투아니아의 독립이 강력한 폴란드를 확립하기 위한 프랑스의 계획을 심각하게 방해할 수 있다는 어려움이 있었다.

만약 리투아니아가 러시아로부터 떨어져 나온다면 스스로 자립할 수 있도록 해야 한다는 역사적, 도덕적, 경제적으로 특별한 이유들이 있었다. 반면에 그런 결과에 반대하는 강력한 정치적 압력도 있었다. 리투아니아의 독립이라는 문제에서는 미국의 태도가 중요했다. 리투아니아의 염원에 대한 대중적이며 공적인 관심을 불러일으킬 방법이 문제였다.

저명한 리투아니아 출신 미국인으로 구성된 리투아니아 국가평의회가 조직되었으며, 리투아니아 관련 뉴스와 리투아니아의 열망을 대신 호소하기 위한 정보센터로서 리투아니아 정보국이 설립되었다. 이 작업을 지휘하도록 고용된 홍보고문이 가장 먼저 해결해야 할 문제는 리투아니아의 열망에 대한 미국인들의 무관심과 무지였다.

그는 과거와 현재의 역사로부터 리투아니아 문제를 생각해볼 수 있는 모든 측면들은 물론 현재의 결혼 풍습과 대중적인 여가활동에 대한 민족적인 기원을 철저하게 학습했다. 그는 우선 대중의 마음을 움직일 만한 내용을 중심으로 자료들을 다양한 카테고리로 분류했다.

아마추어 민족학자에게는 리투아니아의 민족적 기원에 대한 흥미롭고도 정확한 데이터를 제공했다. 언어를 공부하는 학생에게는 산스크리트어에 뿌리를 둔 리투아니아어의 발달에 관한 훌륭하게 작성된 연구보고서를 제공했다. '스포츠 팬'에게는 리투아니아의 스포츠에 대해, 여성들에게는 리투아니아의 의상에 대해 알려주었다. 보석상에게는 호박(琥珀) 보석에 대해 알려주고, 음악 애호가에게는 리투아니아 음악연주회를 소개했다.

상하원 의원들에게는 그들이 우호적인 활동을 펼칠 근거로 삼을 수 있는 리투아니아에 대한 여러 사실들을 전달했다. 사회적으로 다른 단체들의 견해에 영향을 끼칠 수 있는 단체들에게는 리투아니아에 우호적인 판단을 내릴 수 있는 근거가 될 사실들을 제공했다.

원하는 결과를 얻게 해줄 일련의 행사들이 계획되고 실행되었다. 대규모 모임이 여러 도시에서 개최되었으며, 진정서를 마련하여 서명을 받아 제출했다. 순방단을 구성하여 상원과 하원의 위원회를 방문했다. 관심을 불러일으켜 행동을 이끌어내기 위해 대중을 향한 모든 접근 수단들이 활용되었다. 리투아니아의 입장을 알리는 성명서를 작성하여 관심을 갖고 있는 개인들에게 우편으로 발송했다. 강연 연단에서는 리투아니아를 위한 호소를 펼쳤으며, 신문의 광고 지면을 적극 활용했다. 라디오는 연사들의 메시지를 대중에게 전달했으며, 영화를 통해 관객들의 마음을 움직였다.

서서히 그리고 단계적으로 대중과 언론 그리고 정부의 관료들은 자유를 찾으려는 발트 해 연안의 조그만 나라 리투아니아의 풍속과 특징 그리고 문제들에 대한 지식을 얻게 되었다.

리투아니아 정보국이 리투아니아의 상황에 대한 부정확하거나 오해의 소지가 있는 폴란드 뉴스를 정정하기 위해 언론협회 앞에 나서게 되었을 때, 그들은 이제 중요한 집단의 대표로서 몇 주 동안 미국 뉴스에 등장하게 되었다. 똑같은 방식으로, 리투아니아 문제에 관심이 있는 미국인 대표단이 의회 의원들이나 정부 관료들을 찾아갔을 때, 더 이상 미지의 나라가 아닌 한 국가의 대변인 자격으로 그곳으로 갈 수 있었다. 그들이 이제는 더 이상 무시할 수 없는 집단을 대표했던 것이다. 일단 발트 해 연안 공화국으로 인식시키는데 성공하자 이 캠페인을 '한 국가의 자유를 공표하는' 운동으로 평가하는 사람들도 나타났다.

루마니아와 관련된 또 다른 사례가 있다. 루마니아는 미국 시민들에게 루마니아가 오랜 전통이 있는 안정된 국가라는 사실을 알리고 싶었다. 그들은 전통적인 방법으로 역사적으로 올바르고 민족학적으로 정확한 내용을 담은 논문들을 발행했다. 하지만 루마니아에 관한 사실들은 대부분 전혀 알려지지 않고 있었다. 이 상황을 해결하기 위해 홍보고문은 그 논문들을 뉴스 가치가 있는 흥미진진한 이야기로 재구성할 것을 조언했다. 대중은 이런 이야기들에 빠져들게 되었으며 루마니아는 의미 있는 성과를 거두면서 미국인의 대중 지식의 일부가 되었다.

　뉴욕시의 호텔들은 사업과 수익이 점점 침체되고 있다는 것을 알게 되었다. 뉴욕을 방문하는 여행자들은 물론 뉴욕을 경유해 유럽으로 떠나는 여행자들도 줄어들고 있었다. 홍보고문은 이런 상황을 해결하기 위해 광범위한 분석을 진행했다. 그는 우선 여행자들의 이야기를 들었으며, 전국 주요 도시와 마을의 단체, 지역, 여론을 대표하는 남성과 여성들을 상대로 설문조사를 실시했다. 그는 미국의 도서, 잡지, 신문 등을 살펴보고 뉴욕과 뉴욕 시민들에 대한 항목별 불만사항들을 조사했다. 그 결과 뉴욕에 대한 관심 부족의 주된 원인이 뉴욕은 '차갑고 불친절하다'는 인상 때문이라는 사실을 알게 되었다.
　그는 외지인을 대하는 뉴욕의 노골적인 무관심에 대한 적대감과 불쾌감이 점점 더 많은 여행자들을 가로막고 있다고 파악했다. 이런 악감정의 해로운 물결을 차단하기 위해 그는 뉴욕의 산업계, 사교계, 시민사회의 주요단체들을 초청하여 방문자환영위원회를 구성했다. 전국에 방송된 이 위원회의 친절하고 호의적인 목표는 뉴욕이 훌륭한 평판을 되찾는데 도움이 되었다. 축하 논설들이 전국의 지방과 도시의 신문에 게재되었다.

또한 유명 호텔의 식당 서비스를 분석하면서 홍보고문은 메뉴가 평균적인 방문객의 요구에 맞춰져 있으며, 자녀를 동반하는 많은 사람들이 어린이를 위한 식단을 원한다는 것을 알게 되었다. 그래서 그는 어린이를 위한 식단을 준비하도록 조언했다.

왈도르프 아스토리아 호텔은 적극적으로 어린이를 위한 특별 메뉴를 준비했다. 많은 관심을 끌어 모은 이런 결정은 경제적으로나 영양학적으로 현명한 일이었다.

미국방사선협회는 초기 암에 대한 조기 방사선 치료의 중요성을 대중에게 알리기 위한 캠페인을 펼치면서 제일국가방사선은행을 설립했다. 암 환자를 치료하는 의사들은 모두 방사선을 이용할 수 있고 또 이용해야만 한다는 생각을 조성하고 구체화하기 위한 것이었다.

도시간 라디오(inter–city radio) 회사는 뉴욕, 디트로이트. 클리브랜드 세 도시 사이에 무선 서비스를 열기로 계획했다. 이 회사는 단순히 그 서비스를 개통하고 나서 대중들의 메시지를 기다리기로 했지만, 회사의 사장은 성공하기 위해서는 어떤 식으로든 대중의 즉각적인 지지가 있어야 한다고 판단했다. 그가 초빙한 홍보고문은 세 도시의 시장들이 처음으로 연결하는 개통행사를 열어야 한다고 조언했다. 각 도시의 시장은 공식적으로 상업적인 도시간 라디오 전파에 첫 번째 메시지를 주고받게 되었다. 이 개통식은 직접적으로 연결된 세 도시뿐만이 아니라 전국에 걸쳐 관심을 불러일으켰다.

세계대전 직후에 벨기에 왕과 왕비가 미국을 방문했다. 이 방문에서 기대했던 여러 가지 결과들 중의 한 가지는 미국이 앨버트 왕과 벨기에를 지원하는데 합의했다는 사실을 명확하게 보여주는 것이었다. 미국이 전방위적으로 벨기에 왕을 지지한다는 것을 보여주는 생생한 그림을 제공하기 위해 뉴욕시의 메트로폴리탄 오페라 하우스에서 공연이 상연되었다. 공연에서는 미국을 대표하는 많은 단체들이 참여하여 지지하는 목소리를 냈다. 이 공연 소식은 언론사의 뉴스 칼럼과 사진으로 전국으로 배포되었다. 그 사진들을 보았거나 기사를 읽었던 사람들은 모두 벨기에 왕이 미국의 적극적인 환대를 받고 있다는 것을 알게 되었다.

오늘날 홍보고문의 폭넓은 활동분야를 보여주는 흥미로운 예는 국제연맹에 대한 미국인들의 광범위한 호응과 지지를 확보하려는 노력에서 주목을 받고 있다. 연맹에 대한 호감을 높이려는 목표만을 위해 구성된 소규모 집단으로는 강력한 효과를 거두지 못할 것이 분명했다. 개별적으로 다양한 관심사를 바탕으로 관계를 맺고 있는 집단의 구성원들 사이에 확실한 동질성을 확보하기 위해 국제연맹은 비당파적인 위원회를 구성하기로 결정했다..

이 위원회의 결성을 지원하고 있던 홍보고문은 민주당, 공화당, 급진파, 반동주의자, 동호회, 사회의 전문가와 산업계 집단을 대표하는 여성들의 모임을 소집하고, 그들에게 국제연맹의 국가적인 지원을 위해 일치된 호소를 펼칠 것을 제안했다. 이 모임은 연맹에 대한 공평하고 일치된 지원을 정확하게 극적으로 반영하고 있었다. 그렇게 하지 않았다면 지극히 수동적인 생각으로만 남아 있게 되었을 것이다. 여전히 이어지고 있는 국제연맹 결성에 대한 끈질긴 요구는 의심할 여지없이 부분적으로는 이러한 성격의 노력 덕분이다.

다음과 같은 다양한 사례들은 홍보고문의 일상적인 업무에 속한다. 어떤 의뢰인은 롤스로이스 자동차를 버리고 포드 자동차를 구입하라는 조언을 받는다. 대중은 어떤 자동차를 소유하고 있는가에 대해 명확한 생각을 갖고 있기 때문이다. 또 다른 의뢰인은 그와 상반되는 충고를 받을 수도 있다. 어떤 의뢰인은 불리한 평판을 피하려면 휴대품 보관 특권을 취소하라는 조언을 받는다. 다른 의뢰인은 건물의 외관을 대중의 취향에 맞춰 바꾸라는 조언을 듣는다.

어느 의뢰인은 가격정책의 변화를 전보를 이용해 알리라는 조언을 받지만, 다른 고객은 광고전단으로, 또 다른 고객은 광고를 이용하라는 조언을 듣는다. 어느 의뢰인은 성서를 발간하라는 조언을 듣게 되고, 다른 의뢰인은 프랑스 혁명에 관한 이야기를 책으로 출간하라는 조언을 받는다. 어느 백화점은 광고에서 가격을 활용하라는 조언을 받지만, 다른 의뢰인은 가격을 언급하지 말라는 조언을 받는다.

어떤 의뢰인은 판매촉진 운동의 일부로서 노동 정책, 공장의 위생 환경, 그 자신의 성격을 활용하라는 조언을 듣는다.

다른 의뢰인은 박물관과 학교에 그의 상품들을 진열하라는 조언을 받는다.

그러나 다른 의뢰인은 일류 대학에 자기 분야에 대한 장학금 제도를 설립하라는 요구를 받는다.

여기에서 홍보고문의 일상적인 역할의 다양한 면모를 보여주는 더 많은 사례들을 제시할 수도 있을 것이다. 예를 들어, 미국에서 연극 '손상된 상품(Damaged Goods)'의 제작이 어떻게 인간의 삶에서 성의 역할을 인정하고 직시하기 위해 고리타분한 거부감을 극복하는데 있어 처음으로 뛰어난 성과를 거둔 운동의 기초가 되었는지를 보여줄 수도 있고, 또한 사업을 확장하려는 일부 대기업들의 열망이 어떻게 홍보고문인 아이비 리(Ivy Lee 1877~1934; 버네이즈와 함께 홍보 개념을 탄생시킨 선구자 중 한 명)의 조언을 통해 문명에서 황동과 구리의 중요성에 대한 대중 교육의 기초가 되었는지를 보여줄 수도 있을 것이다.

하지만 일반 대중이 홍보고문의 실제 작업에 대해 얼마나 모르고 있으며, 그 작업이 대중의 일상생활에 거의 무한대의 방식으로 영향을 주고 있다는 것을 보여주기 위해선 이 정도면 충분할 것이다.

이 직업의 발달이 매우 짧은 기간에 이루어졌기 때문에 홍보고문의 작업에 대한 대중적인 오해는 쉽게 이해할 수 있다. 이런 무지에도 불구하고 최근에는 홍보고문의 역할이 미국인의 생활에 너무나도 중요해져 안전하게 또는 유익하게 계속될 것이라는 사실은 여전하다.

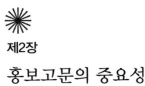

제2장

홍보고문의 중요성

현대적인 홍보고문의 부상은 그가 제공하는 서비스에 대한 수요와 가치에 근거한다. 어쩌면 현시대의 가장 중요한 사회적, 정치적, 산업적 현상은 여론에 쏟아지는 관심일 것이다. 이제는 자신들의 성공을 대중적인 지원에 의존하는 개인이나 단체, 사회운동뿐만이 아니라 아주 최근까지 일반 대중과 거리를 두면서 '빌어먹을 대중'*(뉴욕중앙철도 회장의 말)이라고 말할 수 있었던 사람과 단체들도 여론에 관심을 쏟고 있다.

오늘날의 대중은 정보 요구를 뛰어넘어 대중적으로 중요한 여러 문제들에서 재판관이나 배심원의 역할도 하기를 원한다. 자신의 돈으로 지하철이나 철도의 승차권을 사든, 호텔 방이나 레스토랑을 이용하든, 실크나 비누를 구입하든 상관없이 어쨌든 대중은 대단히 복잡한 집단이다. 대중은 여러 가지 질문을 던진다. 말이든 행동이든 그 답변이 즉각적이지 않거나 만족스럽지 않다면, 정보나 휴식을 얻기 위해 다른 곳으로 관심을 돌려버린다.

이런 사실 때문에 자신의 의견이나 상품을 대중에게 알리는 최선의 방법을 찾는 사람들은 전문적인 조언에 수천 달러를 기꺼이 지불하는 것이다.

정치, 산업, 사회, 종교, 과학 등 미국 생활의 모든 측면에서 대중적 심판의 압력은 뚜렷한 존재감을 드러내고 있다. 일반적으로 말해서 대중과 모든 사회운동의 관계와 상호작용은 꽤나 명확하다. 자발적인 기부에 의존하는 자선단체가 대중에게 좋은 인상을 심어주려는 것에는 명확하고 직접적인 이해관계가 있다. 마찬가지로 입법 조치로 인해 이윤을 모두 세금으로 납부하게 되거나, 판매량이 줄어들게 되거나, 자유를 침해당할 위험이 있는 대기업은 이러한 위협들에 성공적으로 맞서기 위해 대중에게 의지하게 된다.

하지만, 이런 명확한 현상들의 이면에는 근본적으로 중요한 세 가지 최신 경향이 있다. 첫째는 소규모 조직들이 대중이 준공공 사업으로 생각하게 될 정도의 크기와 중요성을 지닌 집단으로 통합되고 있다는 것이다. 둘째는 읽고 쓰는 능력과 민주적인 정부 형태의 확산으로 정치, 자본, 노동에 상관없이 자신들의 목소리를 이런 커다란 집합체의 행동에 위임하려는 대중의 적극성이 늘어나고 있다는 것이다. 셋째는 현대적인 '판매' 방식으로 인해 대중의 호감을 얻기 위한 경쟁이 치열해졌다는 것이다.

첫 번째 경향 즉, 산업 집단의 사회적 중요성이 점점 더 커지면서 산업 활동에 대한 대중의 관심이 늘어나는 경향의 한 가지 사례는 1906년 5월 〈애틀랜틱 몬슬리〉에 발표된 리차드 워시번 차일드의 '비평가와 법'이라는 기사에서 찾아볼 수 있다.

기사에서 차일드는 대중이 관심을 갖는 문제들에 대해 듣기 싫은 말을 할 비평가의 권리를 논의한다. 그는 연극과 소설을 비평할 권리에 대한 정당한 근거를 제시한 다음 이렇게 덧붙인다.

"훨씬 더 중요하고 흥미로운 가설이면서, 산업 환경의 현 상태와 경향에서 등장해야 할 가설이 있다. 상업 활동에 종사하는 사람들의 행위가 더욱 두드러지고 영향력이 널리 퍼지게 되면서 광범위한 대중의 관심을 끌어 모으게 될 것인지, 그리고 분명하면서도 어느 정도는 공적인 성격이 있다는 이유로 대중의 의견이 암암리에 받아들여질 것인지의 여부를 예측하는 일이다. 현재의 미국처럼 개인 기업들이 공동체 전체에서 이처럼 놀라운 관심사가 된 적은 없었다고 말할 수 있다."

중요한 산업 기업에 대한 대중의 관심이 늘어나고, 인정받게 될 것이라는 차일드의 예상을 오늘날의 경향이 어느 정도까지 입증하고 있는지에 대해선 독자 스스로 판단할 수 있을 것이다.

정치, 사회적 관심사에 대한 정보를 기대하고 듣고자 하는 대중의 적극성이 늘어났다는 두 번째 경향은 레이 스태너드 베이커 (Ray Stannard Baker: 저널리스트, 미 대통령 특사)가 베르사유 평화협정에서 지켜봤던 미국 언론인들에 대한 묘사에서 명확하게 드러난다. 베이커는 미국의 기자들이 파리 회담에서 '부탁하지 않고, 요구하고 참여하여' 구세계의 외교관들을 커다란 충격에 빠뜨렸다고 한다.

"그들은 모든 출입구에 앉아 있었으며, 구석구석 모든 것을 지켜보았다. 나는 존 네빈이 이끄는 미국 신문기자 대표단을 절대 잊지 못할 것이다. 성역이라 할 프랑스 외무부를 성큼성큼 걸어들어와 평화협정의 첫 번째 총회에 입장하게 해달라고 요구하는 것을 보았다. 그들은 옛날 방식을 신봉하는 사람들을 놀라게 했으며, 구태의연한 관례를 적극적으로 위반했으며, 민주주의 자체만큼이나 거칠고 직접적이었다."

나 역시 그와 똑같은 느낌을 받았던 적이 있었다. 〈뉴욕 월드〉의 허버트 바야드 스워프(Herbert Bayard Swope: 퓰리처상을 3번 수상한 언론인)가 파리의 크리용 호텔 기자실에서 '여론을 존중하고, 신문기자들을 입회시키고, 매일 공식발표를 제공하도록' 요구하는 신문사 대표단의 논의를 이끌고 있는 것을 보았던 때는 절대 잊을 수 없을 것이다.

세계 각국이 비밀스러운 외교문제에 대한 대중의 압력을 실감하고 있다는 사실은 1922년 1월 17일, 뉴욕 사무소 발신으로 〈뉴욕 헤럴드〉에 게재된 속보에서 확인할 수 있다.

"워싱턴 회담에서 프랑스의 견해가 강조되지 않았던 것과는 달리 리델 경이 영국의 견해를 널리 알리는데 성공했던 것은 푸앵카레(1860~1934: 제9대 프랑스 대통령) 정부가 외국 신문기자들을 상대할 선전 대행자를 임명하는 결과로 나타나게 될 것이다. 오늘 〈에클레어(Eclair)〉 지는 신임 수상에게 '프랑스 외교와 의회 분야에서 세계를 향해 프랑스의 판단을 전달할 자신만의 리델 경을 찾아야 한다'고 촉구했다."

〈뉴욕 월드〉의 월터 리프먼은 자신의 책 〈여론〉에서 이렇게 말한다.

"현시대의 중요한 혁명은 산업이나 경제 또는 정치적인 혁명이 아니라 국민들의 동의를 이끌어내는 기술에서 일어나고 있는 혁명이다. 현재 시국을 관리하고 있는 새로운 세대의 생애 내에서, 설득은 대중적인 정부의 의식적인 기술이면서 정식 기관의 업무가 되고 있다. 우리들 중 누구도 그 결과를 이해조차 못하고 있지만, 동의를 만들어낼 방법에 대한 지식이 모든 정치적인 전제를 바꾸게 될 것이라 말하는 것은 대담한 예언이 아니다. 꼭 이 단어의 불길한 의미에서가 아니라, '선전'의 영향력 하에서 우리 사고의 유일한 상수들이 점점 변수가 되고 있다. 예를 들어, 인간사를 관리하는데 필요한 지식은 인간의 마음에서 저절로 생겨난다는 민주주의의 기본적인 신조를 믿는 것은 더 이상 가능하지 않다. 그 이론에 따라 행동한다면, 우리는 자기기만과 검증할 수 없는 형태의 설득에 노출된다. 만약 우리의 손길이 닿지 않는 세상에 대처하려고 한다면 직관이나 양심, 또는 임시적인 견해의 우연성에 의존할 수 없다는 것은 증명되었다."

국내 문제의 정치적 결정뿐만이 아니라 국가의 일상적인 산업 생활에서 여론의 중요성은 수많은 사건들에서 확인할 수 있다. 1922년 5월 20일 금요일자 〈뉴욕 타임스〉에서 나는 '후버가 석탄 홍보를 처방하다'라는 제목의 칼럼에 가까운 기사를 발견했다.

기사에 따르면, 후버가 산업 자체에 대한 광범위하고 정확한 정보를 제공하는 홍보를 통해 기대하는 석탄산업의 전반적인 개선점은 다음과 같은 것들이었다.

산업 소비자의 보다 더 규칙적인 수요를 자극하고, 수요량을 보다 신뢰성 있게 예측할 능력과 소비자들이 '석탄에 지불해야 할 가격과 관련된 일정한 판단을 내릴 수 있는' 능력을 키우며,

생산과 생산능력의 비율을 발표하여 산업계의 과도한 확장을 억제하는 흐름을 만들어내는 것이었다.

후버는 실제로 유익한 정보를 제공하는 홍보는 '소수에게만 해당하는 비난으로부터 대다수의 경영자를 보호하게 될 것'이라는 결론을 내렸다. 불과 몇 년 전까지만 해도 석탄산업계에서는 다수이든 소수이든 대중의 비난을 전혀 걱정하지 않고 있었다.

석탄과 보석은 서로 별다른 관계가 없는 것처럼 보이지만, 업계잡지인 〈보석상 회보(The Jeweler's Circular)〉에서도 전국보석상 홍보협회에 관한 논평을 많이 찾아볼 수 있다.

이 협회는 대중에게 '선물용 보석상품의 가치'를 알리려는 단순한 상업적인 의도로 시작되었다. 지금 이 단체는 일반 대중과 특히 입법자들의 마음에서 '보석 사업은 아무런 쓸모도 없으며 보석상점에서 쓰는 돈은 버려지는 것이다'라는 인상을 없애려는 홍보 작업에 공을 들이고 있다.

얼마 전까지만 해도 보석산업의 종사자들 중에서 보석산업의 특성에 대한 대중의 생각을 조금이라도 중요하게 생각했던 사람은 거의 없었을 것이다. 반면에 오늘날 보석상들은 식탁용 은제품이 현대 생활의 필수품이며, 시계들이 없다면 '전국의 사업과 산업은 형편없는 대혼란 속에 빠져들 것'이라는 사실을 널리 알리는 것이 유익한 투자라는 것을 알고 있다.

오늘날 이 세상의 모든 경쟁적인 이해관계 속에서, 대중이 보석의 제작과 판매 사업을 필수적이라고 생각하는지, 그렇지 않다고 생각하는지를 묻는 것은 이 산업에서 가장 중요한 문제가 되었다.

당연히 점점 더 중요해지고 있는 여론의 가장 좋은 예는 공익성이 있는 산업들이다. 그들은 최근까지 자신들에 대한 여론의 존재 여부에 거의 관심이 없었다.

철도에 대한 대중의 태도를 다룬 장문의 기사에서 〈철도 시대〉는 미국의 철도회사들이 해결해야 할 가장 중요한 문제는 '대중에게 스스로를 판매하는 것'이라는 결론을 내렸다. 일부 공기업들은 대중 홍보부서를 유지하며, 이 부서의 역할은 대중을 그들에게 설명하는 것은 물론 기관을 대중에게 설명하는 것이다. 하지만 이런저런 개별 기업에서 여론의 중요성을 인정하게 되었다는 것이 중요한 것이 아니라 여론이 축적되고 점점 더 명확하게 표현되므로 전체 산업의 생존에 더욱 중요해졌다는 점이다.

예를 들어, 뉴욕 중앙철도는 핏 핸드(Pitt Hand)가 지휘하는 홍보부서를 운영하고 있다. 이 부서의 역할은 철도가 가능한 모든 방법으로 대중에게 봉사하는 역할을 효율적으로 수행하고 있다고 대중에게 명확하게 알리는 것이다. 이 부서는 대중을 연구하여 철도 서비스를 수정하고 개선할 수 있는 곳을 찾아내고, 대중의 마음에 자리 잡은 부정적인 인상을 언제 바로잡을 수 있는지를 파악하려고 한다.

이 홍보부서는 열차와 시간표, 여행시설에 관한 핵심적인 사실들을 대중에게 알리는 것뿐만 아니라 그 자체로 간접적인 가치가 크며 대중에게 이익이 되는 광범위한 협력 정신의 구축이 유익하다는 것도 알게 되었다. 예를 들어, 이 부서는 방문자환영위원회와 같은 단체와 협력하여 뉴욕에 도착한 여행자를 위한 안내책자를 배포한다. 특별한 여행시설을 준비하는 정도까지 대규모 행사를 주관하는 업체와 협력한다. 그랜드 센트럴 역에서 어린이 캠프의 지도자들에 대한 지원이 일반 대중에게 끼치는 극적인 효과는 특히 도드라진다.

대중에게 언제나 가장 호의적인 모습으로 보이기 위한 뉴욕 지하철과 고가철도(高架鐵道)의 열정적인 노력에서 입증되었듯이, 상당 부분이 비경쟁적인 서비스일지라도 대중에게 스스로를 지속적으로 '판매해야' 한다. 지하철은 다소 불가피한 불편사항들을 대중이 인정해주는 분위기를 만들어내기 위해 노력한다. 또한 이용량이 적은 노선의 교통량을 늘리기 위한 적극적인 계획도 추진한다.

예를 들어, 뉴욕과 같은 대도시 위생국의 활동을 분석해보자. 최근에 위생국장인 로열 S. 코플랜드와 그가 발표하는 내용은 일일 뉴스의 상당한 부분을 차지하고 있다. 사실 홍보는 위생국의 주요한 기능들 중의 한 가지다. 이 부서의 주요 업무는 질병과 싸우고, 모든 위생 문제에서 개인과 집단의 협력 정신을 형성하는 것이므로 그들이 제공하는 대중교육은 대단히 중요하다. 암과 결핵 그리고 그로 인한 영양실조가 대개는 무지 또는 무관심 때문이며 그런 상황의 개선과 예방이 지식의 결과라는 것을 인식했을 때, 위생국이 취할 논리적인 다음 단계는 적극적으로 홍보 캠페인을 펼치는 것이었다. 따라서 이 부서는 정확하게 그 일을 실행했던 것이다.

오늘날에는 정부도 국민을 잘 다스리고 국민의 이익을 위해 성심성의껏 일한다고 안심시키는 것만으로는 충분하지 않다는 원칙에 따라 행동하고 있다. 정부는 전 세계의 여론이 국가의 행복에 중요하다는 사실을 이해하고 있다.

앞에서 언급했듯이, 리투아니아는 자국의 국민으로부터 무한한 사랑과 지지를 받고 있지만 소멸될 위기에 빠져 있었다. 리투아니아에 관심을 갖고 있던 주변국가들 외에는 그 상황을 모르기 때문이었다. 리투아니아는 폴란드와 러시아가 넘보고 있었으며, 다른 국가들은 그 상황을 모른 체하고 있었다. 그래서 리투아니아는 홍보전문가의 도움을 통해 홍보전단을 발행하고, 사진과 영화로 널리 알리면서 전세계에 우호적인 여론을 불러일으켜 결국 자유를 얻게 되었다.

당연하게도 산업과 사업에는 대중의 간섭이라는 위험 외에도 경쟁의 강도가 점점 더 거세진다는 가장 중요한 또 다른 고려사항이 있다. 과거와 같은 방식으로는 사업과 판매를 더 이상 유지하지 못할 것이다. 거리의 자동차, 지하철, 신문, 잡지를 이용한 광고와 대중에게 접근하기 위한 다양한 방법들을 살펴본 사람이라면, 대중의 관심을 집중시키고 호의적인 행동을 유도하기 위해 제품과 서비스가 서로 강하게 경쟁한다는 것을 분명히 알고 있을 것이다.

대중의 호감을 얻기 위한 치열한 상품 판매 경쟁에서 판매자가 단순하게 자기 상품에 대한 호의적인 반응을 얻기 위해 노력하는 것보다 다른 일들을 고려해야 하는 것이 절대적으로 필요하다. 그는 대중의 마음과 자신과의 관계를 스스로 평가하거나, 전문가의 도움을 구해야만 한다. 예를 들어, 오늘날의 판매 캠페인에서는 비누의 품질뿐만이 아니라 그것을 생산하는 사람들의 업무환경, 노동시간, 심지어는 생활환경까지 고려해야 한다.

홍보고문은 이러한 요소들과 함께 그들이 가장 관심을 갖고 있는 대중을 향한 접근방법도 조언해야 한다.

이런 상황 속에서 산업계의 지도자들이 홍보라는 용어의 가장 포괄적이며 가장 실질적인 개념에 깊은 관심을 가져야 한다는 것은 전혀 놀라운 일이 아니다.

대기업 집단은 그들의 협회 내의 홍보부서에 명확한 지위를 부여하고 있다.

벽지산업연합, 미국 하드웨어 제조사 협회, 미국 보호관세 연맹, 대서양 연안 조선협회, 전국신용조사원 협회, 미국 실크협회를 비롯한 74개 협회들을 포함하는 주와 지역 또는 전국적인 무역협회 임원들의 연합체인 뉴욕의 무역협회 집행위원회는 소속 협회들의 기능들 중에 다음과 같은 활동을 포함시켰다. 합동광고, 조정과 모금, 원가 산출, 신용 부서, 유통과 새로운 시장, 교육, 표준화 그리고 조사 업무, 전시, 해외 무역부서, 기관지, 일반 광고, 산업부, 입법 작업, 법률 지원, 시장 조사, 통계, 교통부, 워싱턴 대표부, 중재와 같은 활동이다. 이 협회들 중의 40곳이 단체의 이익을 촉진시키기 위한 프로그램의 한 부분으로 홍보와 일반 광고를 통합했다는 것은 주목할 만한 일이다.

미국 전신전화회사는(AT&T) 사업 규모의 확장뿐만이 아니라 회사와 대중 사이에 협동정신을 만들어내기 위해 홍보 문제를 연구하는데 전력을 기울였다. 전신회사 전화 교환원의 업무와 통계, 문의, 조직도, 설비 등에 대한 정보가 대중에게 다양한 형식으로 전달되었다.

전쟁과 그 후의 일정한 기간 동안에는 특별한 국가적 상황 때문에 부득이하게 표준에 미달하는 서비스로 대중을 만족시켜야 한다는 것이 주요한 문제였다. 마치 개인적인 사과를 하는 것처럼 정중하게 상황을 설명하는 회사의 노력에 대한 반응으로 대중은 다소간 진력나는 상황을 당연한 일로서 받아들였다. 회사가 대중에게 관심을 보이지 않았다면, 대중은 분명 전쟁 이전 수준의 서비스를 집요하게 요구했을 것이다.

한때 미국인들은 프랑스와 스위스가 관광무역에 의존하고 있는 것을 조롱하곤 했다. 오늘날 우리는 미국의 도시들이 홍보 프로그램의 일부로서 컨벤션과 박람회 그리고 국제회의를 개최하기 위해 경쟁하고 있다는 것을 알고 있다. 얼마 전에 〈뉴욕 타임스〉는 홍보가 네브라스카를 번영시켰다는 주지사의 연설을 소개했다.

최근 〈뉴욕 헤럴드〉는 버몬트 주가 대중의 관심을 끌기 위해 펼치고 있는 캠페인을 중점적으로 다루면서, '광고가 우리 주에 이익이 된다'는 제목의 사설을 게재했다.

사설에 따르면 버몬트 주는 재미있는 삽화와 멋진 글을 수록한 〈버몬트 사람들〉이라는 매력적인 잡지를 발행했다. 잡지는 주의 산업과 농업 자원들을 자세히 소개하면서 여름 방문자들에게 버몬트 주의 빼어나게 아름다운 풍광을 알리는데 집중하고 있다.

대중의 관심을 끌기 위해서나 개별적인 산업과 산업집단에 대한 호감을 얻기 위해서나 이렇게 정성을 쏟는 사례들은 즉시 독자들의 마음에 가 닿게 된다.

뉴욕의 한 신문 최근호에 실린 재미있는 이 이야기를 지나치게 심각하게 받아들이지만 않는다면, 사회운동과 산업계의 지도자들은 이 홍보물의 주인공이 하는 말에 쉽게 동의할 것이다.

그 이야기에 따르면, 어떤 사람이 자신의 친구에게 역사 속에서 어떤 사람의 위치를 확고하게 해주는 것은 그 사람이 했던 일이 아니라 그 일이 알려지는 방식 때문이라는 것을 증명하려고 했다. 그는 자신들이 했던 일이 아니라 훌륭하게 홍보해준 사람 있었기 때문에 유명해졌다는 것을 증명하기 위해 바바라 프리에치, 에반젤린, 존 스미스(시인의 시로 유명해진 사람들)를 비롯한 여섯 명을 예로 들어 설명했다.

친구는 그의 말에 동의했다.

"좋아, 그렇다면 실제로는 아주 훌륭한 일을 했지만 잊혀진 사람의 예도 들어보라구."

"자네, 폴 리비어(롱펠로우의 시, 〈폴리비어의 질주〉로 유명해졌다)는 당연히 알고 있겠지. 그런데 그날 밤에 영국군이 온다는 소식을 전하기 위해 함께 말을 타고 달려갔던 다른 두 사람의 이름을 말해보게."

"전혀 들어 본 적이 없는 걸."

"그날 올드 노스 처치의 망루에 걸린 신호를 보기 위해 기다리고 있던 사람은 세 명이었어. 롱펠로우 시인이 폴 리비어를 묘사했던 것처럼, 다른 두 사람도 말에 올라타 함께 달렸거든. 모두 신호를 보았고, 모두 말을 달려 농부들을 깨워 경고를 널리 퍼트렸단 말이야. 훗날 그들 중 한 명은 워싱턴 군대의 장교가 되었고, 다른 한 명은 주지사가 되었어. 수만 명의 미국인들 중에서 아무도 다른 두 사람의 이름은 들어본 적도 없지만, 리비어에 대해서는 모르는 사람이 거의 한 명도 없잖아."

"그래서, 역사에 남을 일을 리비어가 했다는 거야, 아니면 롱펠로우가 했다는 거야?"

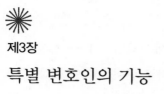

제3장

특별 변호인의 기능

여론은 우리 삶의 여러 단계에서 결정적인 요소로 작용한다. 자신들의 이해관계가 대중의 태도에 영향을 받는 사람이나 단체는 가장 뛰어난 조력자를 구해 여론이라는 법정에서 자신들을 변호하기 위해 노력한다. 홍보고문의 업무는 어느 정도 변호사의 업무와 비슷해서, 의뢰인들에게 조언을 해주면서 그들 편에 서서 그들의 주장을 여론의 법정에서 다룬다.

법적인 특별 중재인으로서 변호를 담당하는 변호사는 언제나 판사와 배심원의 공식적인 심리를 받아야 하지만, 여론의 법정에서는 그렇지 않다. 여기에서는 의견을 달리하는 견해에 대한 인간 사회의 편협한 군중심리가 작용한다. 군중심리는 새롭거나 대중적이지 않은 주장을 펴는 사람을 어려움에 빠뜨리며 종종 위험하게 만들기도 한다.

신문 제작자를 위한 신문인 〈네 번째 계급〉은 이렇게 말한다.

"요즘은 '홍보고문'과 '홍보관리자'라는 단어를 매일 더욱 자주 접하게 된다. 어느 정도는 익숙한 면이 있지만 이런 직함을 가진 사람들과 그들을 고용하는 사람들을 정당하게 평가하자면, 그들은 '광고대리업자'라는 오래된 개념에서 분리되었거나 분리될 수 있다고 말해야 한다. 국내의 많은 대기업들이 대중과 올바른 관계를 유지할 필요가 있다는 것을 인식하고 있다. 바로 그 사실만으로도 홍보부서에게 공정하고 한층 더 호의적으로 발언기회를 보장해야 할 만큼 중요하다.

어떤 사람이 실제로 '홍보고문'이라는 명칭으로 불리게 될지, 단순히 '광고대리업자'라고 불리게 될지의 여부는 전적으로 그를 고용한 개인이나 회사에 달려 있다. 우리가 살펴보았듯이. 실질적으로 홍보에 대해 조언하고 관리하는 사람은 모든 업무영역에서 가장 중요한 직무들 중의 하나를 맡고 있는 것이다. 하지만 단순히 신문발행인들로부터 대가 없이 무언가를 얻을 수 있다는 낡은 생각을 대변하는 사람이라면 곧 도태될 것이다.

그래서 신문인들 사이에 자연스럽게 호기심을 불러일으켰던 두 가지 신구 용어들 사이에는 분명한 차이가 나타났다. 나폴레옹이 '상황이라니? 내가 상황을 만들어야지.'라고 말했을 때, 그는 홍보고문의 업무가 지향하는 정신자세를 가장 가깝게 표현한 것이다. 이 새로운 직업 분야가 그들의 직함에서 드러나는 가능성을 실천에 옮긴다면, 그들은 반드시 건설적인 성과를 이루어낼 것이다. 어쩌면 그들은 호감을 주기는 하지만 교활한 사람을 뜻하는 '광고대리업자'라는 명칭을 마침내 잊어버리게 할 수도 있을 것이다."

이 직업이 점점 더 중요해지고 있다는 것은 러셀 세이지 재단에서 조사와 전시 부서를 담당하던 메리 스웨인 루트잔이 1921년 8월 2일 〈뉴욕 글로브〉에 발표한 '홍보전문가로서 여성의 기회'라는 기사에서 확인할 수 있다. 기사는 이 직업이 최근에 발전한 분야이지만, 전문적인 경력을 쌓는데 관심이 있는 여성들이 진지하게 고려해볼 가치가 있는 중요한 직업으로 다루고 있다.

홍보고문은 무엇보다 연구하는 사람이며, 그의 연구 분야는 대중의 마음이다. 이 연구를 위한 그의 교과서는 우리의 삶에서 일어나는 사실들이다. 신문과 잡지에 등장하는 기사들, 출판물에 삽입된 광고물, 거리에 늘어선 광고판, 철도와 고속도로, 의회 연설, 강단의 설교, 흡연실과 관련된 일화들, 월스트리트의 가십, 극장의 잡담 그리고 그와 마찬가지로 대중의 명확하거나 모호한 발언에 귀를 기울여야 하는 다른 해석자들이 나누는 대화가 그의 연구 대상이다.

그는 자신의 직관적인 이해 능력을 실용적이며 심리적인 실험과 조사에 활용한다. 하지만 오직 연구만 하는 사람은 아니어서, 다양한 도구들과 그것을 활용할 확실한 기술을 갖추고 있는 전문가이기도 하다.

제일 먼저, 그가 만들어내려는 상황과 사건이 있다. 그 다음으로는 대중에게 사실과 생각을 알릴 수 있는 도구들이 있다. 광고, 영화, 회보, 소책자, 광고전단, 연설, 모임, 시위 행진, 뉴스기사, 잡지기사 그리고 어떤 것이든 대중의 관심을 끌어들이고 영향을 끼치는 그 밖의 매체들이 있다.

그런데 대중의 마음 상태에 대한 감수성은 쉽게 얻거나 유지할 수 있는 것이 아니다. 누구든 어떤 특정한 문제에 대한 자신의 반응을 다소간 정확하고 뚜렷하게 상대방에게 말해줄 수 있다. 하지만 동일한 문제에 대한 다른 사람들의 느낌이나 생각을 알아차리는 감각을 계발할 시간이 있거나 관심을 갖고 훈련하는 사람은 없다. 자신의 직업에 숙련된 전문가는 민감하며 이해력이 있어야 한다.

변호사는 어떤 주장이 법관이나 배심원에게 효과적인지를 알고 있다. 세일즈맨은 잠재고객에게 어떤 점들을 강조해야 하는지 알고 있다. 정치인은 청중에게 무엇을 강조해야 할지 알고 있지만, 지리적, 심리적으로 광범위하게 분포되어 있는 집단의 반응을 판단할 수 있는 것은 전문적인 능력이다. 그런 능력은 외과의사가 임상적인 감각을 개발하는데 요구되는 것과 똑같은 철저한 자기비판과 경험을 바탕으로 개발되어야 한다.

물론 홍보고문은 대중의 마음을 측정하기 위해 현대 광고가 발전시키고 활용해온 모든 실용적인 수단들을 활용한다. 그는 연구조사 캠페인, 심포지움, 특정한 집단이나 사고방식에 대한 조사를 활용하며 자신이 내린 평가와 판단을 확인하고 수정한다.

최근 뉴욕 타임스에 '스포트라이트를 휘두르는 사람들'이라는 제목의 기사에서 찰스 J. 로즈벌트는 유능한 홍보고문은 일반적으로 어느 정도의 언론 훈련을 거친다면서 이 훈련의 가치를 이렇게 말한다.

"우리가 대중이라 부르는 평균적인 남녀의 호불호를 예리하게 알아차리는 감각이다. 이 전문가는 홍보가 길거리에 있는 사람들의 정신과 감정에 미치는 영향에 대해, 방향을 나타내는 나침반의 바늘이나 온도 변화를 나타내는 온도계의 수은보다 더 민감하다."

인간과 사회운동에 대한 대중의 관심이 늘어나면서 자연스럽게 새로운 직업이 탄생했다는 것은 전혀 놀라운 일이 아니다.

여기에서 홍보고문의 주요 업무와 등장하게 된 기초적인 환경에 대해 대단히 개략적으로 설명했다. 한편으로는 서로 다른 사람들에게 쓸모가 있으며 따로 떨어져 있는 작은 부분들만 있는 복잡한 환경이 있다. 또 다른 한편으로는 자신의 문제를 대중의 마음에 다가갈 수 있도록 만들거나, 그 문제가 대중의 마음에 유리하게 또는 불리하게 영향을 끼칠 것인지에 대한 판단이 점점 더 중요해지는 환경이 있다. 이런 두 가지 환경이 결합하여 필연적으로 홍보고문이 나타나게 된 것이다.

리프먼은 이런 사실들에서 '언론홍보 담당자'가 등장하게 된 근원적인 이유를 찾아냈다. 그는 이렇게 말한다. "모든 조직에서 어떤 사실이 어떤 인상으로 보도되어야 할 것인지를 결정하는 권한은 매우 중요하다. 그래서 세상에 알리기를 원하거나, 알려지지 않기를 원하거나 그 재량권을 기자에게만 맡겨놓을 수는 없다는 생각이 널리 퍼져 있다. 그런 조직과 신문 사이에서 역할을 하는 언론홍보 담당자를 고용하는 것이 더 안전하다."

이 직업에 대해 정확히 살펴보게 된다면, 홍보고문의 업무 범위와 기능에 대한 대중의 인식은 철저하게 수정될 것이다. 홍보고문이 서커스의 선전원과 단역 여배우를 언론에 띄우던 흥행사의 직계후손인 것은 분명하다. 그러나 홍보고문을 만들어냈으며 오늘날 그의 직업을 중요하게 만든 경제환경 자체가 그가 하는 작업의 성격을 실질적으로 변화시켰다.

현재 그의 주된 기능은 의뢰인이 우연하게 대중의 관심을 끌도록 하거나, 그가 이미 빠져 있는 곤경에서 구출해주는 것이 아니라, 여론의 광장에서 긍정적인 결과를 얻어내고 무심결에 불행하거나 해로운 상황에 빠지지 않을 방법을 조언하는 것이다.

홍보고문은 정부이든 식품제조업체이든 철도시스템이든 끊임없이 변화하는 의뢰인의 업무환경을 파악하고, 대중의 관점에서 그런 변화에 따라 정책의 수정을 조언해야 한다. 그러므로 홍보고문은 보도된 사건뿐만 아니라 실시간으로 벌어지는 현재의 사건에 촉각을 세우고 있어야 한다. 거리나 흡연열차칸, 학교의 교실에서 떠도는 말들은 물론 여론을 만드는 다른 모든 형태의 의사소통에서 나타나는 사건들에 민감해야 하는 것이다.

언론이 대중의 마음에 다가서는 가장 크고 단일한 매체로 남아 있는 한 홍보고문의 업무는 언론인의 업무와 밀접하게 연결될 수밖에 없다. 하지만 그는 이제 라디오, 강연장, 광고, 무대, 영화, 우편물 등 여론 형성에 도움이 되는 모든 매체들을 통해 자신의 생각을 전달한다. 또 다른 한편으로는 오늘날의 그는 행동에 대한 조언자인 것만큼이나 대중을 향한 전달자가 되고 있다.

이상적으로 말하자면, 홍보고문은 공동체 내의 건설적인 동력이다. 그가 이루어낸 성과들은 종종 공동체의 사회적, 경제적, 정치적 삶에 중요하고 가치 있는 문제들에 대한 관심을 촉진시키고 있다.

홍보고문은 대중에게 어떤 견해를 중재하는 사람이다. 그는 이런 능력으로 대중을 의뢰인에게 설명해주고 의뢰인을 대중에게 설명하도록 도와주는 조언자의 역할을 한다. 그는 여론을 형성하는 것만큼이나 의뢰인이 어떤 행동을 만들어내도록 돕는다.

그의 직업은 진화중이다. 그의 미래는 개인, 기관, 단체의 대중에 대한 책임을 대중이 점점 더 크게 인식하고 있다는 것만큼이나 자기 업무의 중요성에 대한 그 자신의 인식에 달려 있다.

제2부

집단과 군중

제1장

여론의 구성 요소들

홍보고문이라는 직업이 효율적으로 수행되고, 이 직업의 기능과 가능성이 정확하게 평가되려면 여론의 성격과 기원, 개인과 집단의 마음을 구성하는 요소들을 이해하고 있어야 한다. 홍보고문이 하는 일의 근본적인 성격을 이해하는 것은 사회에 도움이 된다.

홍보고문은 여론이라는 모호하고 쉽게 이해되지 않는 불명확한 자료를 바탕으로 일한다.

여론은 불분명하며 변덕스럽고 변하기 쉬운 개인의 판단들이 모여 있는 상태를 설명하는 용어이다. 여론은 사회나 사회의 집단을 구성하는 남녀들의 — 때로는 일치하고, 때로는 상반되는 — 개인적인 의견들이 모인 결과이다. 여론을 이해하려면 집단을 구성하고 있는 개인을 알아야 한다.

일반적인 개인의 정신적인 능력은 육체적으로나 정신적으로 일상생활에 영향을 주는 많은 일들에 대한 판단들로 구성되어 있다. 이런 판단들이 일상적인 삶의 도구이기는 하지만 그 자신의 연구와 논리적인 추론에 근거한 것은 아니다. 오히려 대부분이 부모, 선생님, 교회 그리고 사회, 경제를 비롯한 여러 분야 지도자들의 권위에 근거해 받아들인 독단적인 견해이다.

홍보고문은 한 개인의 생각과 행동의 사회적 관계를 이해해야 한다. 예를 들어, 어떤 교인이 다른 교회를 다니거나, 아무 교회에도 다니지 않는 대신 어느 한 교회에 속하게 된 것은 단순히 우연한 일일까? 보스턴의 여성들이 갈색 계란을 선호하고, 뉴욕의 여성들이 흰 계란을 선호하는 것은 우연한 일일까? 어느 한 정파에서 다른 정파로 또는 어느 한 가지 음식에서 다른 음식으로 마음을 바꾸게 만드는 요소들은 무엇일까?

왜 금주법에 저항하는 단체가 있고, 따르는 단체가 있는 것일까? 새로운 정당을 시작하거나 암과 싸우는 일은 왜 어려울까? 성교육을 위해 싸우는 것은 왜 어려울까? 자유무역주의자들과 보호무역주의자들은 왜 서로를 비난하는 것일까?

만약 이 세상의 모든 문제를 반드시 스스로가 직접 판단해야만 한다면, 우리는 지금 당연하게 받아들이고 있는 많은 것들을 스스로 알아내야만 한다. 그렇다면 음식을 요리하거나 집에서 사는 대신, 사실상 원시적인 생활로 돌아가게 될 것이다.

홍보고문은 어떤 주제에 대한 지식이 거의 없는 사람들이, 거의 언제나 그 문제에 대해 명확하고 단정적인 판단을 내리고 있는 현실에 대처해야 한다.

개인의 사회심리학을 포괄적으로 연구한 윌프레드 트로터는 이렇게 말한다.

"만약 평균적인 사람의 정신 속에 담겨 있는 지식을 꼼꼼히 살펴본다면, 무척이나 다양하고, 복잡하며, 난해한 주제들에 대한 무척이나 정밀한 판단들이 수없이 많다는 것을 발견하게 될 것이다. 그는 우주의 기원과 성격 그리고 그것들의 의미라고 생각하는 것들에 대해 꽤나 확고한 견해들을 갖고 있을 것이다. 그는 죽을 때와 그 후에 자신에게 일어날 일들과 무엇이 행위의 기초이며 무엇이 기초가 되어야만 하는지에 대한 결론도 내리고 있을 것이다.

국가가 어떻게 통치되어야 하며, 왜 파멸하게 되는지도 알고 있을 것이며, 어찌 해서 법률의 이런 부분이 좋고 나쁜지에 대해서도 알고 있을 것이다. 육군과 해군의 전략, 과세의 원칙과 알코올과 예방접종의 활용, 인플루엔자의 치료법, 광견병의 예방, 도시무역, 그리스어 교육, 예술에서 허용할 수 있는 것, 문학에서 납득이 되는 것 그리고 과학에서 기대할 수 있는 것에 대해 확고한 견해를 갖고 있을 것이다.

그런 견해들은 대부분 합리적인 근거가 없다. 전문가들이 여전히 해결되지 않았다고 인정하는 문제들이 대부분이며, 보통사람의 훈련과 경험으로는 그 문제들에 대해 어떤 의견을 가질만한 자격이 없다는 것이 명확하기 때문이다. 합리적인 방법을 적절하게 활용한다면, 이런 대부분의 문제들에 대해서는 판단을 유보하는 태도를 갖는 것이 옳다는 것을 알게 될 것이다."

'어느 섣부른 애호가가 중요한 문제들에 대해 전문적인 조언을 하고, 최종적인 판단을 내린다. 정작 그 외의 다른 사람들은 그가 그 문제에 대해 아는 것이 없다는 사실을 모두 다 알고 있다.'

독자들은 이런 종류의 일을 수도 없이 경험해보았을 것이다.

중세시대의 사회에서는 마녀가 있다고 확신했다. 사람들은 마법을 부린다고 의심되는 사람들을 화형에 처하는 것을 당연하다고 생각했다. 오늘날에도 어떤 식으로든 심령술과 유령을 확고하게 믿는 사람들이 있지만, 영매를 화형에 처하지는 않는다. 하지만 이 주제를 전혀 연구해보지 않았던 사람들은 영매를 강하게 비난하는 판단을 내린다. 또 다른 사람들은, 더 많이 아는 것도 아니지만 영매는 신성한 영감을 받은 존재라고 생각한다.

그리 멀지 않은 시기에, 지식인들은 이 세상이 평평하다고 믿었다. 오늘날에는 평범한 사람들이 원자력이라 부르는 신비한 힘에 대해 잘 알지는 못하지만 확고한 믿음을 갖고 있다.

제대로 알지도 못하는 사람들이 종종 반대되는 견해를 절대로 용납하지 않는다는 것은 자명한 사실이다. 공적인 문제들에 대한 논쟁에서 그런 태도가 불러일으키는 괴로움은 누구나 알고 있다. 평화주의나 군국주의 이론에 관한 신랄한 논쟁 때문에 연인들이 헤어지기도 한다. 그리고 추상적인 문제에 대해 의견이 다른 사람과 논쟁할 때 서로를 매도하기 위해 논쟁의 중요한 맥락은 무시해버리곤 한다.

이것이 얼마나 흔하게 벌어지는 일인지는, 논쟁 과정에서 논리 대신 인신공격이 벌어지곤 하는 의회의 회의장에서 확인할 수 있다. 최근에 발의된 관세 조치에 반대하는 싸움에서 보호무역주의자는 반대측의 태도와 관심부족을 부각시키려는 장황한 보복성 성명서를 발표했다. 논리적으로 그의 논점은 오직 제출된 그 법안의 건전한 경제적, 사회적, 정치적 가치에만 근거를 두고 있어야만 한다.

유력한 은행가, 사업가, 전문직 그리고 경제전문가 백 명이 연합하여 이 계획에 공개적인 반대 의견을 밝혔다. 그들은 이른바 '미국의' 가치 평가 계획이 국가의 번영을 위태롭게 할 것이라는 의견을 밝혔다. 외교 관계에 해로우며, 우리와 조금이라도 상업적, 산업적으로 관계를 맺고 있는 모든 국가의 번영을 해칠 것이라는 의견이었다. 이들은 광범위한 남성과 여성을 대표하는 집단이었지만 하원의 조세무역위원회 의장은 이들 모두가 사적인 이익을 위해 행동하며 애국심이 부족하다고 비난했다. 편견이 논리를 대체했던 것이다.

편협성은 거의 필연적으로 반대되는 견해를 이해하거나 용납하지 못하게 만드는 자연스럽고 전형적인 무능력을 동반한다.

자신의 분야에서는 가능성만 있다면 그 어떤 제안도 흔쾌히 받아들이는 유능한 과학자도 다른 분야에서는 자신과 반대되는 견해를 전혀 수긍하지 않기도 한다. 예를 들어, 정치적인 문제에 대한 그의 이해는 단편적일 수밖에 없지만, 그는 전혀 연구해보지도 않았던 장려금과 선박보조금에 대한 논의에 활발하게 참여할 것이다. 우리는 여기에서 한 심리학자가 '논리가 통하지 않는 구간(logic–proof compartments)'이라고 부르는 것과 똑같은 현상을 발견한다.

우리에게는 언제나 논리가 통하지 않는 구간이 있다. 과학자는 자기 이론의 결함이 있는지 확인해주기를 거부하면서 생명을 잃기도 한다. 어느 지적인 어머니는 다른 어머니들에게 자녀에게 절대로 주지 말라고 금지했던 음식을 자신의 아기에게는 주기도 한다. 특히 중요한 것은 그 의미가 오래 전에 사라진 후에도 종교적인 믿음과 관습을 유지하고 있는 민족들의 성향이다. 음식과 위생에 관한 법칙들과 심지어 변화한지 천년이 넘은 지정학적 조건에 근거한 법칙들이 여전히 독단적인 집착이라는 논리 불통 구간에서 유지되고 있다. 어떤 선교사가 개종한 이교도에게 돈을 주었는데, 돈을 받고 난 후에 그 이교도는 성스러운 냇물에 개종을 씻어내 버렸다는 이야기도 있다.

자신의 믿음에 집착하는 인간 정신의 특성은 앞서 인용했던 트로터 씨의 책에 훌륭하게 요약되어 있다.

"처음부터 이런 믿음들을 항상 합리적인 것으로 생각하고 옹호하는 반면에 반대 견해를 갖고 있는 사람은 반드시 비합리적이라고 생각한다는 것은 분명하다."

종교인은 무신론자를 천박하고 불합리하다고 비난하지만, 그 역시 상대방에게 비슷한 대답을 듣게 된다. 보수적인 사람이 자유주의자를 어처구니없다고 생각하는 이유는 공적인 문제를 합리적으로 바라보지 못하며, 가능성 있는 유일한 해결책도 인정하지 못한다는 것이다. 찬찬히 검토해보면 그 차이가 단순히 논리의 기계적인 오류 때문이 아니라는 사실을 알 수 있다. 정치인일지라도 논리적인 오류는 쉽게 피할 수 있기 때문이며, 그런 논쟁을 하고 있는 어느 한쪽이 다른 쪽에 비해 논리적이지 못하다고 믿을 만한 아무런 이유도 없기 때문이다.

그 차이는 오히려 경쟁자가 적대적일 것이라는 근본적인 억측 때문이며, 이런 억측은 군중암시에서 비롯된 것이다. 즉, 자유주의자에게는 꾸준히 받아들여 축적된 암시들 때문에 여러 가지 기초적인 개념들을 직관적인 진실로 인식하면서 선험적인 종합명제(綜合命題 syntheses)가 되어 있다. 이와 비슷한 설명은 무신론자와 기독교인 그리고 보수주의자에게도 적용된다. 그 결과 그들 각자는 자신이 취한 입장은 이성적으로 완전하다고 믿게 되면서 경쟁자의 눈에는 명확하게 보이는 오류들을 전혀 발견할 수 없게 된다. 하지만 경쟁자도 군중암시 때문에 그런 일련의 특정한 억측들을 인정하지 않는다는 것을 기억하는 것이 중요하다.

그러므로 홍보고문은 대중의 확고한 믿음을 수정하게 될 어떤 조처를 조언하기 전에 자신이 상대해야 하는 대중의 '선험적인' 판단을 고려해야만 한다.

그런 믿음들을 거짓이라고 지적하거나 스스로 의심하도록 유도하는 것은 아무런 효과가 없다. 홍보고문은 확립된 믿음들의 근거를 검토한 후에, 오래된 믿음에 반대되거나 새로운 믿음에 우호적인 다수의 의견을 분명하게 전달하는 것으로 오래된 권위를 의심하거나 새로운 권위를 만들어내야 한다.

제2장

여론을 바꿀 수 있을까?

대중의 마음이 확고한지 아니면 유연한지 즉, 수동적 요소인지 적극적 요소인지에 대한 서로 다른 의견이 있다. 한편으로는 '인간의 본성은 변화시킬 수 없다'는 뿌리 깊은 믿음이 있으며, 다른 한편으로는 '잘 정립된 기관들이 여론을 조절하고 변화시킨다'는 확고한 믿음이 있다.

이 나라에는 많은 문제들에 대한 견해들이 공유되고 있다. 공유되고 있는 이런 견해들이 우리들의 믿음과 일치한다면, 우리는 그것을 대중적인 의식의 표현이라고 부른다. 하지만 우리의 믿음과 반대될 때는 대중의 정신이 획일화되었다고 하면서 그 원인을 교묘한 선전의 탓으로 돌리려고 한다.

사실 의견일치는 대부분이 자연스러우며 단지 부분적으로만 인위적이다. 여론은 '교활한 선전'의 생산물인 것만큼이나 생산자일 수도 있다. 무척 다양한 생각들이 모여 있는 곳에서 대중의 현재 태도와 그 원인에 대한 비판은 대부분 널리 퍼진 견해에 공감하지 않는 집단에서 나온다는 것은 지극히 자연스럽다. 대중이 자신들의 견해를 받아들이지 않는다는 것을 알게 되면, 그들은 옳든 그르든 상반되는 이해관계가 대중의 마음에 영향을 끼친 탓으로 돌려버린다.

이 집단들은 언론과 강연장, 학교, 광고, 교회, 라디오, 영화, 잡지들이 매일 수백만 명에게 노출된다는 것을 알고 있다. 전부는 아니어도, 이 기관들 대다수의 견해가 일반 대중 대다수의 태도와 일치한다는 것을 알고 있다.

그들은 한 가지씩 논쟁을 하면서 별다른 어려움 없이 결론에 도달한다. 대중과 이 기관들 사이의 견해가 일치하는 것은 주로 대중의 태도가 이 기관들을 통제한 결과라는 생각을 버리지 못한다. 하지만 많은 외부적인 영향들이 여론에 영향을 끼친다. 이러한 영향들 중에서 가장 명확한 것은 부모의 영향과 학교 교실, 언론, 영화, 광고, 잡지, 강연, 교회, 라디오 등이다.

대중의 완고함이나 유연함을 묻는 질문에 대답하기 위해서, 여론과 언론의 관계를 분석해보기로 하자. 일반적으로 언론은 대중의 태도를 이끌거나 만든다고 지목되는 다양한 기관들 중에서도 가장 두드러지기 때문이다. 이 경우에 언론은 일간신문을 의미한다. 미국인은 신문을 읽는 대중이다. 그들은 세계 뉴스와 지도자들의 의견을 알기 위해 아침과 저녁 신문을 살펴보는데 익숙해져 있다. 비록 평균적인 독자가 하루의 많은 시간을 들여 신문을 읽는 것은 아니지만, 많은 사람들이 매일 시간을 내서 한 가지 이상의 신문을 읽는다.

주요한 여론의 흐름에서 벗어나 있는 사람들이 일간신문을 강압적인 힘으로 생각한다는 것은 놀랍지 않다.

종교계나 다른 세력들의 영향력에 관한 논의들과 마찬가지로 언론에 대한 대중의 반응에 관한 논의에도 양면성이 있다. 일부 권위자들은 언론에 대한 대중의 마음은 확고하며 언론은 거의 영향을 끼치지 못한다고 주장한다. 대중적인 견해의 확고함을 보여주는 생생한 사례들이 있다.

가장 흥미로운 예는 두 곳을 제외한 대도시 일간지들이 모두 압도적으로 반대했지만 재선에 성공한 하이란 뉴욕시장의 경우이다. 또한 1909년에 한 곳을 제외한 모든 신문이 반대했던 게이노의 뉴욕시장 선출도 주목할 만하다. 마찬가지로 뉴욕시장 미첼은 두 곳의 허스트 신문사와 〈뉴욕 콜〉 외의 뉴욕의 모든 신문사들이 지지했음에도 재선에 실패했다. 보스턴에서 있었던 최근의 선거에서는 형사범으로 유죄선고를 받은 남성이 사실상 모든 신문사들이 연합하여 반대했지만 시장으로 선출되었다.

에버렛 딘 마틴(Everett Dean Martin, 1880~1941)과 월터 리프먼 (Walter Lippmann, 1889~1974)그리고 업턴 싱클레어(퓰리처 상을 수 상한 미국의 소설가)와 같은 저자들은 이러한 사건들을 어떻게 설명할까? 일간신문이 여론을 통제한다는 이론에 비추어 그런 사상가들은 이따금씩 연합된 언론의 주장을 거부하는 대중의 영리함을 어떻게 설명할 수 있을까? 비록 이런 사례들이 자주 발생하는 것은 아니지만, 언론 외의 다른 영향력이 여론의 형성에 개입되며, 지배적인 여론의 질과 안정성을 평가하면서 이런 영향력들이 무시되어서는 안 된다는 것을 보여준다.

프랜시스 E. 르프는 〈애틀랜틱 몬슬리〉의 1910년 2월호에 발표한 '약해지는 언론의 힘'에서 1909년의 선거 직후에 게이노 시장이 했던 말에 주목했다.

"우리의 상식적인 세대에서는 아무도 신문들이 말하는 것에 신경 쓰지 않는다는 결론에 도달했다. 그런 판단이 노골적으로 보여주듯이 만약 공동체의 대다수를 배심원으로 삼아 여론조사를 한다면 분명히 이런 결론에 동의할 것이다. 어떤 제안을 '단순히 신문에서 하는 이야기'라고 가볍게 무시해버리는 말은 언론을 현대 문명의 강력한 요소로 생각하며 자라온 사람이 언론이 실제로 우리들 사이에서 휘두르던 힘을 잃게 되었는지를 궁금해 할 정도까지 모든 사교 모임에서 들을 수 있다."

멩켄은 1914년 3월 같은 잡지에 게재한 기고문에서 이렇게 공언한다.

"실제로 교양 있는 사람의 주요한 표식 중의 한 가지는 적어도 호전적이며, 분란을 일으키는 신문에서 자신의 의견을 가져오지 '않는다는' 사실이다. 반면에 신문에 대한 태도는 거의 언제나 공공연한 냉소로, 가장 온순한 형태로는 무관심을, 가장 흔하게는 경멸을 드러낸다. 그는 신문이 꾸준하게 그의 개인적인 지식 내에 있는 일들에 대해 — 즉, 특별한 교육의 좁은 범주 내에 있는 일들 — 거짓 논법을 펼친다는 것을 잘 알고 있다. 그래서 그는 신문이 다른 일들에 대해서도 지적으로나 도덕적으로나 그와 똑같이 또는 훨씬 열악한 오류를 범하는 것이 당연하다고 생각한다. 이런 가정은 즉시 사실들에 의해 확실하게 증명된다고 말할 수 있다."

두 번째 관점은 일간신문과 그 외의 선도적인 세력들이 정해진 여론을 단순하게 인정하고, 반영하고, 강화해서 대중적 반응의 획일성에 책임이 있다고 하는 것이다. 이 집단에 속한 대표적인 사람의 관점에 대한 생생한 설명은 에버렛 딘 마틴의 책 〈군중의 행동〉에서 발견된다.

"인쇄술은 현대인에게 군중운동을 영속시키며, 수많은 사람들을 일정한 군중사상의 영향력 하에 지속적으로 유지하는 대단히 효과적인 수단을 제공하고 있다. 모든 군중집단은 그들만의 잡지와 언론 대리인을 소유하고 있으며, 지속적으로 구성원과 전향 가능한 사람들을 향해 열변을 토해내는 특별한 '문학'을 갖고 있다. 많은 책들 특히 '베스트셀러' 형태의 많은 소설작품들은 명확하게 군중 현상을 드러내고 있다."

어쩌면 진실에 한발 더 가까이 다가섰다고 할 세 번째 집단은 다른 교육이나 선전 매체들이 그렇듯이 언론이 여론에 매우 뚜렷한 변화를 가져온다고 생각한다. 기본적이며 중요한 문제들에 대한 의견을 변화시키기 위해 그런 매체들이 무엇을 할 수 있는지를 보여주는 가장 생생한 사례는 여성참정권 문제와 확립된 견해에 맞선 그들의 승리이다. 대중을 상대하는 언론, 설교, 강단, 영화를 비롯한 매체들이 완벽하게 대중의 생각을 변화시켰던 것이다. 이런 방식으로 권위 있는 기관들이 여론에 변화를 일으킨 다른 사례들은 산아제한과 건강교육에 대한 현재의 태도이다.

사실이나 의견을 제시하는 다른 기관들처럼 언론도 당연히 다양한 통제 조건들에 의해 주로 무의식적으로 가끔은 의식적으로 제한을 받는다. 대중 자체가 갖고 있는 편견과 성향으로 인한 검열을 이야기하는 사람들도 있다.

업턴 싱클레어와 같은 사람들은 의도적이면서 강력한 출판물의 통제를 광고주의 탓으로 돌린다. 월터 리프먼과 같은 사람들은 신문 광고주들이 접근하고 싶어 하는 이른바 양질의 독자들 때문에 대중과 사건 사이에 효과적인 장벽이 존재한다고 믿는다. 광고의 성공을 위해서는 그런 사람들 사이에서 신문이 유통되어야만 하며, 여러 사안들에서 그들의 영향력이 언론에 행사된다는 것이다. 리프먼은 그런 제한이 있을 수는 있어도, 신문 검열이라고 생각하는 사안들이 실제로는 보도하려는 사건을 부적절하게 설명한 경우가 많다는 것에 주목한다.

이 문제에 대해 그는 이렇게 말한다.

"파업 보도에서 가장 쉬운 방식은 공공연한 행위를 뉴스로 내보낸 다음 독자의 생활에 불편을 끼치는 이야기로 그 사건을 구성하는 것이다. 이것이 가장 빨리 독자의 관심을 자극하고 집중시키는 방식이다. 내 생각으로는 노동자와 개혁가 집단이 신문의 의도적인 거짓 보도라고 믿게 되는 결정적인 부분은 뉴스를 발굴하는 현실적인 어려움과 특정한 사실에 흥미를 갖도록 만드는 정서적인 어려움의 직접적인 결과이다. 에머슨(Ralph Waldo Emerson 1803 ~1882: 미국의 시인이며 사상가)이 말한 것처럼, 우리는 (사실들을) '인식할' 수는 있지만, '(사실들을) 즉시 상응하는 사실들로 쉽게 표현해낼' 수 없기 때문이다."

그래서 홍보고문은 여론이 변할 가능성이 있다는 관점에서 이미 알려진 모든 원인을 파악하면서 자신이 대변하는 견해를 전달하기 위해 단순히 기존의 경로를 활용하게 된다. 이것이 어떻게 이루어지는가에 대해서는 나중에 검토하기로 하자.

생각을 전달하는 통로가 중요하기 때문에 홍보고문에게는 여론을 유지하거나 변화시키는데 영향을 끼치는 기관들 사이의 관계를 면밀하게 연구하는 것이 중요하다. 다음 장에서 이런 상호 작용과 그 효과에 대해 살펴볼 것이다.

제3장

여론을 만드는 집단과 여론의 상호작용

대중과 언론 또는 대중과 여론에 영향을 끼치는 모든 세력들은 상호작용한다. 대중에게 영향을 끼치는 세력과 대중 사이에는 지속적으로 작용과 상호작용이 이루어진다. 홍보고문은 이러한 사실을 가장 광범위하고, 가장 상세한 관계 속에서 이해해야 한다. 그는 이런 다양한 집단뿐만이 아니라 그들의 상대적인 영향력도 정확하게 평가할 수 있어야 한다. 다른 의사소통 매체들의 대표로서 신문의 경우를 다시 생각해보자.

뉴욕 타임스가 '우리는 발행하기에 적합한 모든 뉴스를 발행한다.'고 선언할 때, 그 즉시 '어떤 뉴스가 발행하기에 적합한가?'라는 질문이 제기된다.(타임스의 사사 편찬자인 엘머 데이비스는 이 표어가 처음으로 채택되었을 때도 제기되었던 질문이라고 한다.) 어떤 종류의 뉴스는 발행하고 어떤 종류는 배제한다는 편집은 어떤 기준으로 결정되는가?

오랫동안 눈에 띄는 성공을 거두어온 '타임스' 스스로도 이 문제를 완전히 해결하지는 못하고 있다.

그래서 데이비스는 〈뉴욕 타임스의 역사〉에서 시어도어 틸튼이 자신의 아내와 불륜을 저지른 헨리 워드 비처 목사를 상대로 제기한 소송을 다룬 특집기사의 범위를 정당화할 필요가 있다고 생각했다.

분명하게도 아주 많은 '타임스'의 독자들은 신문이 이런 죄악과 고통에 관한 이야기에 지나치게 많은 지면을 할애하고 있다고 생각했다. 이런 종류의 뉴스를 노출하지 않으려는 것을 높이 평가하던 독자들은 최근까지도 자주 불평을 토로하고 있으며, 어떤 이유로 훌륭한 일반 원칙이 시시때때로 침해되고 있는 것인지를 궁금해 한다. 하지만 일반적으로 이와 유사한 추문들이 그렇듯이, 비처 목사의 사건에도 이유가 있었다.

비처 목사는 국내의 가장 유명한 성직자들 중의 한 명으로, 자신의 설교 내용을 실천하며 살고 있는지에 대한 자연스러운 호기심이 있었다. 재판에 참석했던 변호사는 '기독교계 전체가 이 재판 결과에 주목하고 있다'고 주장했다. 재판의 전체 과정을 보도하는 것은 단순히 저속한 호기심에 영합하는 것이 아니라 그 사건의 뉴스 가치를 인정하는 것이었다.

우리의 목표를 위해서는 그런 슬로건이 존재할 수 있고, 받아들여질 수 있다는 단순한 사실이 중요하다. 타임스의 편집자가 따를 수 있는 기준이 어딘가에는 있어야 하며, 동시에 그 기준에 만족스러워하는 충성스러운 독자들도 많이 있어야 한다. 그 신문이 독자층을 유지할 수 있도록 충분히 많은 사람들의 찬성을 얻는 방식으로 타임스의 편집자는 '적합하다'는 것을 명확하게 정의해야 한다. 하지만 정의를 시도하는 순간부터 여러 가지 어려움이 발생하게 된다.

W. G. 블레이어 교수는 저널리즘에 관한 자신의 책에서 신문에서는 뉴스 칼럼의 완성도가 중요하다고 강조한다.

"완성도에서 중요한 제한 사항이라면 단지 '발행하기에 적합한 모든 뉴스'라는 말에 담겨 있는 널리 인정된 품위에 대한 생각과 사생활의 권리에 의해 부과되는 것뿐이다. 신중하게 편집된 신문은 대중의 알 권리와 개인이 사생활을 유지할 권리를 구별한다."

다른 한편으로 블레이어 교수는 어떤 뉴스가 발행하기에 적합하며, 어떤 대중이 알 권리가 있는가를 정의하려고 시도하면서, 광범위하고 빈번하게 모순된 해석이 가능한 일반화를 시도한다. 그는 이렇게 말한다. "뉴스는 공동체와 주 그리고 국가와의 관계에서 시기적절하게 신문 독자에게 중요한 모든 것이다."

　무엇이 중요하고 중요하지 않은가는 누가 결정하는 것일까? 개인과 공동체의 관계에서 어떤 것이 사생활보호 권리에 의해 보호되고, 어떤 것이 보호되지 않는다는 것은 누가 결정하는 것일까? 이런 정의(定義)는 정작 정의를 시도하고 있는 그 슬로건보다 더 명확하지도 않다. 우리는 이러한 정의들이 적용될 기준을 더 찾아야 한다. 신문이 자신들의 기준에서 후퇴하는 것에 대해서는 여론의 합의가 있어야 할 것이다.

　언론이 근본적인 문제들에 대한 여론을 형성하는 것으로 보이기는 하지만, 종종 여론에 순응한다는 것이 진실이다.

　대중과 언론 그리고 여론에 영향을 끼치는 다른 매체들 사이의 상호작용을 결정하는 것이 홍보고문의 역할이다. 생각을 전달할 기관의 기준을 따르는 것은 최종적인 호소 대상인 대중의 이해와 평가에 부합하는 생각을 이 기관들에게 제시하는 것만큼 중요하다. 대중이 기관을 이끈다는 명제가 진실인 것만큼이나 기관이 대중을 이끈다는 반대되는 명제도 진실이다.

　신문이 기사를 제공하면서 독자들의 판단을 받아들이는 경향이 있다는 것을 보여주는 사례가 있다. 이 일화는 〈애틀랜틱 몬슬리〉 1906년 7월호에 롤로 오그덴이 소개한 것으로, 웬델 필립스가 보스턴의 어느 신문에 발표하려 했던 편지에 관한 것이다.

편집자는 꼼꼼히 읽고 말했다. "필립스 씨, 매우 훌륭하고 흥미로운 편지군요. 기꺼이 발행하고 싶습니다만, 마지막 문단을 삭제하는데 동의해주십시오."

"왜죠? 그 문단이야말로 이 편지에서 전달하려는 내용인데요. 그 문단이 없다면 아무런 의미도 없습니다."

편집자는 이렇게 대답했다. "선생님의 말씀이 옳다는 것은 저도 알고 있습니다. 그 내용에는 전적으로 동의합니다만, 공개적으로 말해서는 안 되는 일들이거든요. 하지만 원하신다면 있는 그대로 발행하겠습니다."

다음날 아침에 발행된 신문의 사설에는 이 편지에 대한 짤막한 언급이 실려 있었다. '필립스 씨의 편지는 다른 특별기고란에 실리게 될 것이며, 그처럼 날카로운 지성을 갖춘 인물이 마지막 문단에 포함된 명백한 오류에 빠져 있다는 것은 의외'라는 내용이었다.

이런 사실은 다양한 출처에서 인정되고 있다. 멩켄은 언론이 대중을 움직이는 것만큼이나 대중이 언론을 움직인다는 것을 인정했다.

"그들의 주요 목표는 세속적인 선지자의 역할을 할 때도 단순한 뉴스전달자의 역할을 할 때 못지않게 군중을 만족시키고 멋진 쇼를 제공하겠다는 것이다. 그들이 그런 멋진 쇼를 펼쳐 보이는 방식은 우선 그럴듯한 희생양을 고르고 난 후에 엄청난 고통을 받도록 하는 것이다.

이것이 바로 자신들의 이익만을 추구할 때 그리고 대중이 그들의 신문을 읽도록 만드는 것만이 유일한 동기일 때 활용하는 방법이다. 하지만 사심 없이 용감하게 대중의 이익을 위해 싸우면서 직업의 숭고한 의무를 이행할 때의 동기이기도 하다."

다소 모호하지만, 다양한 집단의 상호보완적인 활동을 보여주는 흥미로운 사례들이 있다. 예를 들어, 영화 분야에서는 제작자들이 배우와 언론의 지원을 받으며 검열제도에 맞서 끊임없이 싸운다. 현실적인 활동에서 검열이 경제적, 예술적 불이익이 되는 것은 분명하다. 그럼에도 불구하고 대중이 이런 검열을 기꺼이 인정하는 한 검열은 계속될 것이다. 대체로 대중은 검열에 반대하는 싸움에 참여하지 않으려 한다. 여성은 아니라 해도 어린이들은 모방을 부추기거나 암시할 수 있는 살인이나 마약을 비롯한 부도덕한 행위들을 나타내는 충격적인 장면을 보지 못하도록 보호되어야 한다는 어느 정도 명확한 믿음이 있기 때문이다.

1913년 미국에 상연되기 전에 연극 〈손상된 상품〉의 제작을 돕고 있던 홍보고문은 이렇게 분석했다. 성문제를 공공연히 드러내는 것을 싫어하는 대중의 태도에서 교육과 진실을 믿는 대중의 정서를 분리시킬 수 없다면 연극은 실패한다는 것이었다. 그래서 제작진은 연극을 교육적인 수단으로 상연하는 대신 교육에 관심이 있는 단체와 지도자들을 초청하여 이 연극을 옹호하고, 제작을 후원하도록 했다.

여론을 만드는 대중과 기관들이 상호작용한다는 증거는 한때는 대중의 반대 때문에 절판되었던 책들이 훗날 여론이 변했을 때 대중의 요구로 다시 출판되는 사례에서 확인된다. 종교서적과 초기의 과학 작품들이 그런 책들에 속한다.

좀더 최근의 예로는 라이트 와인과 맥주에 대한 찬성 운동을 지지한다는 주간지 〈저지〉의 발표가 있다. 개인적인 자유의 원칙에 대한 믿음과 더불어 대중의 정서가 철저한 금주법의 대안으로서 라이트 와인과 맥주를 지지하는 것으로 변했기 때문에 이런 견해를 명확하게 밝혔던 것이다. 그들은 잡지의 입장을 독자들이 좋아할 것이라고 믿었다.

앞에서 인용한 글에서 멩켄은 어쩌면 자신이 '대중의 도덕성은 매우 자세하게 설명했지만, 신문의 도덕성은 매우 빈약하게 설명했다'는 것을 발견했을 것이다.

멩켄은 이렇게 말한다. "하지만 앞에서 말했듯이 둘 다 마찬가지다. 변호사가 배심원들의 한계에 맞춰 변론을 해야 하는 것처럼, 신문은 고객의 도덕적 한계에 보조를 맞춰야 한다. 그렇게 하는 것을 좋아하지 않을 수는 있지만 둘 다 더 큰 목적을 위해 감당해야 한다."

대중의 취향이 정당화될 필요는 없다고 생각하는 랄프 퓰리처(1879~1939: 신문 발행인. 퓰리처 상의 기원을 만든 조셉 퓰리처의 아들)도 언론의 의견은 대중에 의해 정해진다는 멩켄의 견해에는 동의한다. 그리고 그는 "대중과 언론이 진부한 기사보다 논쟁적인 기사에, 보기 좋게 꾸며주는 것보다 비난하는 것에, 헛된 노력을 칭찬하는 것보다 비난하는 것에 더 많은 관심을 갖는 것이 '특별하거나 비난받을 만한 일'이 아니"라고 밝히면서 '추문 폭로'를 정당화한다.

심지어 프랜시스 르프는 이렇게 결론을 내린다.

"현대 언론의 바람직하지 않은 면에 대해 말할 수는 있지만, 신문사가 정부처럼 그들이 상대하는 사람들을 올바르게 반영하고 있다는 것은 반드시 인정해야 한다. 찰스 더들리 워너는 어떤 신문의 성격이 제아무리 못마땅할지라도 그 신문이 의존하고 있는 후원자들보다는 아주 조금 더 낫다는 말까지 했다."

이와 비슷하게, 신문에 대한 폭넓은 경험으로 미국 내에서 가장 존경받는 인물이라 할 롤로 오그덴은 대중과 신문 사이의 이런 주고받기는 미국 저널리즘을 올바르게 파악하는데 매우 중요하다고 주장한다.

"편집자는 자신의 생각을 경솔하게 불쑥 밝히지 않는다. 그는 자신의 기사에 대한 반응을 듣는다. 후원자들과 그의 관계는 연사와 청중 사이의 친밀한 관계에 대한 글래드스톤의 정의와 다르지 않다. 연사가 자신이 했던 이야기를 나중에 청중으로부터 듣게 되듯이, 신문은 대중에게 주는 것만큼 대중으로부터 받는다. 되로 주고 말로 받는 일이 흔하지만, 관계가 변하지는 않는다. 작용과 반작용은 언론과 언론 후원자들 사이에서 언제나 진행되고 있다. 그러므로 심각한 저널리즘의 폐해에 대한 책임은 대중과 언론이 나누어 가져야 하는 것이다."

그와 동일한 상호작용이 여론을 형성하는 다른 모든 집단과의 관계 속에서 이루어진다. 설교자는 그 사회의 이상을 지지한다. 그는 자신의 무리를 그들이 기꺼이 가려는 방향으로 이끌고 간다. 입센은 사회가 혁명을 받아들일 수 있을 정도로 성숙했을 때 혁명적인 작품을 창작했다. 대중은 더 멋진 음악과 더 훌륭한 영화에 반응하며 더 발전된 것을 요구한다. '사람들이 원하는 것을 주도록 하라'는 단지 반만 맞는 조언일 뿐이다. 그들이 원하는 것과 그들이 얻게 되는 것은 불가사의한 연금술로 뒤엉켜 있다. 언론과 강연자, 영화와 대중은 서로를 이끌면서 이끌려간다.

제4장

상호작용하며 여론을 결정하는 세력의 힘

여론을 변화시키려는 모든 세력의 영향력은 확립된 견해의 도움을 받을 수 있는가에 따라 결정된다. 대중이 완고하다는 가설과 유연하다는 가설 사이에는 중간지대가 존재한다. 언론과 학교, 교회, 영화, 광고, 강단, 라디오는 모두 대중의 요구에 대체로 순응한다. 하지만 대중 역시 대체로 이런 정보전달 매체들의 영향력에 반응한다.

일부 분석가들은 대중에게는 다양한 기관들이 만들어낸 것 외에는 아무런 의견이 없다고 믿는다. 멩켄을 필두로 한 다른 사람들은 신문을 비롯한 여러 매체들은 대중에게 제시하는 기준 외에는 아무 기준도 없으므로 사실상 대중에게 영향을 끼치지 못한다는 생각을 따르는 것으로 보인다. 앞서 지적했던 것처럼, 이 문제의 진실은 이런 극단적인 두 가지 입장들 사이의 어딘가에 있다.

달리 말하자면, 여론과 홍보의 문제를 명확하게 생각하는 홍보고문이라면 이런 여론의 두 요소가 상호작용하며 나타나는 영향과 효과를 따로따로 인정하게 될 것이다.

레이 스태너드 베이커는 이렇게 말한다.

"(베르사유 회담의) 지도자들은 언론이 말하는 것에 신경 쓰지 않는다면서 관심 없다는 태도를 보였지만 실제로는 회담의 모든 국면에서 매일 밤 수없이 쏟아져 나오는 뉴스와 평가와 추측 그리고 그것들에 대한 즉각적인 반응보다 그들을 더 난처하게 만들었던 것은 없었다. 회담에 참석한 지도자들은 회담 내용의 공표 문제를 두고 많은 시간을 들여 불안 속에 토론해야 했다. 공표는 회담의 전체 과정에 영향을 끼쳤으며, 부분적으로는 네 명의 국가수반이 결국 소규모 비밀회담에 돌입하는 계기가 되었다. 완전히 공개된 윌슨의 이탈리아 문서는 거의 회담을 결렬시키고 한 정부를 전복시킬 뻔했다. 다른 사안들의 경우 공표에 대한 단순한 위협은 회담의 진행과정을 변화시켰다. 회담을 가장 걱정스럽게 만든 것은 민주주의와 외교 사이의 관계였다."

이와 비슷한 이유로 영화와 야구 같은 중요한 산업에서는 조직 구성원의 정직성과 사회적으로 의식 있는 행위를 보증하기 위해 대중에게 널리 알려진 인사를 지도자로 임명하는 것이다. 프랭클린 루즈벨트와 윌 헤이즈, 란디스와 같은 사람들이 이런 부류에 속한다.

헤이그 회담에서 있었던 일이 이런 상호작용을 생생하게 보여주는 사례이다. 헤이그 회담의 결과에 대한 대중의 관심이 너무 커서 관료들은 신문기자단의 대표들에게 회담장의 문을 열어줄 수밖에 없었다. 1922년 6월 16일 AP는 회담의 진행 상황을 알고 싶어 하는 세계적인 요구에 항복하여 네덜란드의 외교장관인 반 카르네비크가 특파원의 출입을 허락했다는 소식을 전했다. 보도에 따르면 '언론의 입장은 허용될 수 없다'는 애초의 발표에 뒤이어 초조해진 외교관들이 언론인들에게 기다려달라는 부탁을 했다는 것이었다.

네덜란드 신문의 사설들은 대중의 협력을 확보하는 최선의 방법은 대중이 신뢰하도록 만드는 것임을 지적했다. 반 카르네비크 장관은 워싱턴에 머물면서 세계 언론이 제공하는 매우 중요한 서비스를 충분히 알아차리게 되었다. 한 사설에서는 이렇게 지적했다. 공식성명서는 "외교관들이 회의에서 제안했던 다양한 프로젝트에 대한 대중의 의견을 시험해보는 적절한 수단으로 활용되었다. 이런 식으로 반응을 떠보기 위한 제안들이 얼마나 많았는지 아무도 기억하지 못할 것이다. 그럼에도 각 대표단은 신문기사를 발췌해 제공하는 부서를 유지했으며, 그들은 매일 아침 새로운 소식을 전달받고 고국의 정세에 대한 정확한 정보를 대표자들에게 전달했다. 그 결과 세계의 여론은 회담의 최종 결과를 기꺼이 받아들였으며, 개별적인 반대 집단들도 즉시 동참하도록 만들었다."

이러한 세력들의 중요한 상호작용과 관련하여 1922년 7월에 발행된 〈뉴욕 이브닝 포스트〉를 인용해보자.

"7월 27일 윌리엄스타운에서 개최되는 정치학회에 참석하기 위해 어제 아드리아 해에 도착한 라이오넬 커티스는 여론을 형성하고 파리 평화협정 이후로 활발해진 언론 구성원과 여론주도층 사이의 협력을 이끄는 언론의 중요성을 강조했다. 그는 '어쩌면 역사상 최초로 여론 형성이 직업인 사람들이 외교문제를 실질적으로 관리하는 관료들과 한 지붕 밑에 몇 달간 모여 있었다. 외교정책은 결국 여론에 따라 결정된다. 파리회담에서 언론을 통해 여론을 형성하는 기자들과 그런 그들의 견해를 실질적인 정책에 반영해야 하는 사람들을 결합시키는 일이 엄청난 이익이 된다는 것에 감명을 받지 않을 수는 없었다.'고 했다."

마찬가지로 여론의 영향력을 인정하게 된 하버드 대학은 최근 홍보고문을 선임하여 대학의 목표를 대중에게 명확하게 알리기로 했다.

여론을 형성하는 기관들은 대중의 요구에 순응한다. 대중 역시 이러한 기관들에 호응한다. 깨끗한 식품관리를 위해 〈콜리어스 위클리〉가 펼쳤던 캠페인이 이러한 사실을 보여준다.

안전제일주의 운동은 포스터와 전단, 강연과 법률 시행은 물론 영화와 '안전주간' 등의 다양한 수단을 동원하여 불필요한 위험을 감수해야 하는 대중이 안전을 중시하는 태도를 갖도록 점진적으로 변화시키고 있다.

남부지역를 비롯한 여러 지방에서 십이지장충의 심각한 문제에 직면한 록펠러 재단은 분석과 연구, 의학적 원칙들의 응용과 대중 교육을 통해 농촌 주민들의 습관에 변화를 이끌어냈다.

여론을 만드는 사람은 정립된 견해의 도움을 받아야만 한다. 이것은 다른 세력들에게 그렇듯이 언론에게도 중요하다. 독립적이며 신중한 정책을 실천하려는 언론이 직면하고 있는 주된 어려움은 '이사회의 방침이 아니라 신문을 구독하는 대중의 태도에 있는 것'이라고 주장하는 멩켄은 냉소주의와 사실을 뒤섞어버린 것이다.

편집의 용기를 보여주는 한 가지 예로 뉴욕 트리뷴이 1922년 5월 23일에 발행한 광고를 들 수 있다. 비록 '뉴스가 만들어지는 순서는 없으며, 신문은 즐겁거나 불쾌한 뉴스를 모두 전해야만 하지만,' 그럼에도 어떤 신문이든 뉴스 선택권이 있다는 것을 인정할 의무가 있으며, '시련과 냉혹한 절망의 시기에는 공동체의 사기를 지속시켜야 하는 어렵고도 확고한 의무가 있다.'

실제로 대중이 반대하거나 관심이 없는 견해를 신문이 의식적으로 지지하는 사례들은 누구나 흔하게 알고 있다.

당연하게도 확립된 견해일지라도 때에 따라 변경될 수 있다. 볼티모어의 일간지 두 곳은 독자들에게 용감히 맞서면서 상당 기간 그 태도를 유지했으며, 성과가 전혀 없었던 것은 아니었다. 오스왈드 개리슨 빌라드와 같은 가혹한 비평가도 비록 현재의 볼티모어가 만족시키기 어려운 도시이기는 하지만 두 신문사는 용감하게 그리고 지속적으로 자사 편집자의 정책을 지지했으며 그 어떤 세력의 압력에도 굴복하지 않았다고 지적했다. 홍보고문에게 이것은 대중과 여론 형성 기관들 사이에 일어나는 주고받기의 두드러진 사례가 된다. 서로에게 영향을 끼치므로 가끔은 누가 영향을 주고 누가 받는지를 말하기는 어렵다.

뉴욕의 〈월드〉와 〈이브닝 월드〉는 1922년의 〈월드 연감〉에 나열되어 있는 다음과 같은 캠페인에 자부심을 갖고 있다. 이 사례들은 이런 상호작용을 생생하게 보여준다.

〈월드〉의 청원에서 비롯된 군비제한회의

항상 진보와 개혁을 위해 싸우며, 다른 어떤 현안보다 군비축소를 위한 캠페인을 전개해온 설립자 조셉 퓰리처의 훈령을 기억하면서, 〈월드〉는 1921년 워싱턴 군비제한회의를 포괄적인 방식으로 다루었다.

〈월드〉가 주장하는 기준으로 법을 만들다

1921년의 뉴욕주의회 회기 동안 〈월드〉가 지지했던 많은 법안들이 법으로 제정되었다. 우리 신문이 거둔 주요 성과들 중의 한 가지는 록우드 주택위원회의 권한을 확대하기로 한 결의안을 통과시켜, 건축업 상황과 관련하여 대형 금융거래를 조사할 수 있도록 한 것이었다.

〈월드〉는 극장암표 금지법의 제정에 중요한 역할을 했다. 또한 일광절약법을 폐지하기 위해 제출된 법안의 수정을 이끌어 지자체들이 자체적인 일광절약 조례를 제정할 수 있게 되었다. 금주법 시행령의 수색 및 압류를 비롯한 강제적인 조치에 반대하는 캠페인을 성공적으로 수행했다.

〈월드〉가 말하는 KKK단에 대한 사실들

9월 6일자 〈월드〉에서는 쿠 클럭스 클랜(KKK: 백인우월주의 극우비밀단체)에 관한 진실을 밝히는 연재기사를 시작했다. 미국 내 여러 지역에 널리 퍼져 있는 26개 신문사가 〈월드〉와 함께 이 기사의 발행에 동참했다. 일부 신문사에게는 참여를 제안했으며, 일부 신문사는 〈월드〉에 기사의 사용을 허락해달라고 요청했다. 그들은 〈월드〉의 유일한 동기가 공익이라는 것을 알고 있었다. 우리는 참여를 희망한 그들이 협업을 결정하면서 단지 기사의 정확성과 공정성만을 요구했다는 것을 자랑스럽게 여긴다.

〈월드〉는 최종적인 기록이 협박에 놀라거나 비난에 쫓겨 사실들을 과장하지 않고 정확하게 보도하겠다는 목표에서 전혀 벗어나지 않았다는 것을 자랑스럽게 여긴다.

자동차법령의 변경

〈월드〉가 뉴욕시와 뉴욕주의 자동차 사망자를 줄이기 위한 캠페인을 펼쳐 자동차법의 개정을 이끌어내는 성과를 거두었다. 신문은 이 도시에서 도난당한 차량의 자동차번호와 면허번호를 매일 단독기사로 알려왔으며, 불법 택시와 경제적으로 책임질 능력이 없는 운전자와 소유주를 상대로 캠페인을 펼쳐왔다.

〈이브닝 월드〉의 성과들

〈이브닝 월드〉는 뉴욕시에서 석탄 독점과 높은 석탄 가격에 반대하는 캠페인을 줄곧 펼쳐왔다. 〈이브닝 월드〉는 칼럼을 통해 이런 불합리한 상황을 꾸준하게 적극적으로 알려왔다. 워싱턴의 주요 상원의원들과 협의를 거친 후 이 상황을 개선하기 위한 몇 가지 법안들이 의회에 제출되었다.

훌륭한 신문사들이 대중운동을 주도하여 이끌어낸 성과들 중의 한 가지 예로서 〈월드〉의 기사들을 직접 인용했다. 오랫동안 직업 지도 및 관리를 위한 대중의 요구를 주도해온 〈뉴욕 이브닝 포스트〉가 또 다른 예일 것이다.

홍보고문은 단순히 사회와 사회의 여러 기관들이 상호작용한다는 원칙을 받아들이는 것에 근거해 자신의 업무를 추진할 수는 없다. 그는 보다 더 깊숙이 파고들어 여론이 교회, 학교, 언론, 강단, 영화와 관계없이 존재하는 이유를 알아내야 한다. 이런 여론이 어느 정도까지 기관들에 영향을 끼치며 이런 기관들이 어느 정도까지 여론에 영향을 끼치는지를 알아내야 한다. 여론이 어떤 자극들에 가장 쉽게 반응하는지를 알아내야 하는 것이다.

대중의식의 거울이라 할 언론, 영화, 강연 등에 대한 연구를 통해 그들의 기준과 그들이 접근하려는 집단의 기준을 알 수 있다. 하지만 이것만으로는 충분하지 않다. 그가 실제로 파악할 수 있는 것에 대한 이해와 더불어 개인과 집단의 행동을 지배하는 원칙들을 철저하게 알고 있어야 한다. 개인과 집단이 각각의 매체들에게 이미 부과하고 있던 견해나 정책을 얼마나 빨리 바꿀 수 있는지를 판단하기 전에 집단과 개인의 심리에 대한 근본적인 연구가 필요하다.

생각이나 의견은 전혀 독립적인 요소가 아니다. 선례와 권위, 습관을 비롯한 여러 가지 인간적인 요소들에 둘러싸여 있으며 영향을 받는다.

홍보고문의 기능과 권한 그리고 사회적 유용성을 명확하게 이해하려면 그가 다루어야 하는 근본적인 것들을 정확하게 파악하는 것이 가장 중요하다.

제5장

대중적 동기에 대한 이해

사회의 근본적인 동기들을 정의하기 전에 심리학자들이 상황 연구의 근거로 삼는 외부적인 신호들에 대해 알아보기로 하자.

심리적 습관 또는 리프먼이 말하는 '고정관념'은 인간의 노력을 줄여주는 속기(速記) 같은 것이다. 사람들은 모두 자신의 개인적인 경험 내에 있는 고정관념을 언급하면 즉각적으로 반응하게 된다는 것을 너무나도 명확하게 알고 있다.

'자본가' 또는 '보이 스카우트'라는 단어를 듣는 사람은 즉시 뚜렷한 이미지를 떠올린다. 이런 이미지들은 상세한 설명보다 더 이해하기 쉽다. 코러스 걸, 여성 변호사, 정치인, 탐정, 금융업자와 같은 단어들은 명확한 개념이며 정의를 내릴 수 있는 것들이다. 우리는 모두 사고습관뿐만이 아니라 삶의 평범한 일상을 최소화해주는 고정관념을 갖고 있다.

리프먼은 다양한 계층의 사람들이 따르는 규범의 중심에는 고정관념이 있으며, 그들은 '무엇보다 먼저 어떤 사실들을 볼 것인지, 어떤 관점에서 그것들을 볼 것인지를 결정한다'고 생각한다. 그는 그것이 바로 '최대한의 좋은 의도로, 신문사가 자신들의 편집 정책을 옹호하는 이유이며, 자본주의자가 어느 한 측면의 사실들과 인간 본성의 어떤 측면만을 보는 이유이기도 하다. 그와 대립하는 사회주의자는 또 다른 측면만을 보며, 실제로 그들의 차이는 인식의 차이일 뿐이지만 서로가 상대방을 비합리적이라거나 정상이 아니라고 보는 이유'라고 말한다.

그런 차이는 자본주의자와 사회주의자에게 각인된 고정관념의 차이 때문에 나타나는 것이다. 어느 편집자는 '미국 내에는 계급이 전혀 없다'고 말하며, 〈공산당 선언〉에서는 '지금까지 존재하는 모든 사회의 역사는 계급투쟁의 역사'라고 한다. 만약 당신의 사고방식이 편집자와 같다면 그가 옳다는 것을 증명하는 사실들은 명확하게 보겠지만, 반대되는 사실들은 모호하고 쓸모없는 것이라고 생각하게 될 것이다. 만약 당신이 공산주의자와 사고방식이 같다면 전혀 다른 것을 보게 될 뿐만 아니라 당신과 그 편집자가 공통으로 본 것도 전혀 다르게 판단할 것이다.

홍보고문의 업무에서 꽤 많은 부분이 고정관념에 근거한다. 고정관념이 어디에서 비롯되는 것인지 살펴보기로 하자. 왜 이처럼 큰 영향을 끼치는지, 실용적인 관점에서 고정관념에 영향을 주거나 바꾸는 것은 왜 그처럼 어려운 일인지, 일련의 고정관념은 왜 다른 것으로 대체하기 어려운지를 알아보기로 하자.

마틴은 자신의 책 〈군중의 행동〉에서 이러한 질문들에 대한 대답을 시도했다. 마틴은 '군중'을 단순히 많은 사람들의 물리적인 집합체라는 의미로 사용하지 않는다. 마틴에게 군중이란 어떤 정신 상태에 가까운 것이다. '집단의 구성원들이 가까이 모여 있을 때 즉시 나타나든, 조직이나 정당, 분파, 언론 등과 같은 매개체를 통해 서로에게 일정한 영향을 끼칠 때처럼 간접적으로 나타나든, 사람들이 함께 생각하고 행동할 때 가끔씩 나타나는 독특한 정신 상태'라는 것이다.

사회적 행위를 일으키는 동기들은 개인적인 본능에 근거한다. 한편 개인적인 본능은 집단의 요구에 따라야만 한다.

마틴은 집단 내에 남아 있기 위해 개인적인 자유를 희생한 사람들의 집단을 사회라고 설명한다. 집단 내의 개인의 입장에서는 이런 자유의 희생이 집단의 규범에 근본적인 변화를 일으키려는 모든 노력들에 맞서 저항하도록 만든다. 모두 다 일정한 희생을 치렀기 때문에 그런 희생들이 언제나 규범을 지켜야만 하는 이유들을 만들어낸다. '논리 불통 구간'은 변화를 인정하기 싫어하는 태도의 결과이다.

"많은 공을 들여 건설한 것은 경솔하게 파괴되지 않는다. 그래서 각각의 집단은 내부적으로 자신들의 기준이 최종적이며 논의의 여지가 없는 것으로 생각한다. 또한 반대되거나 다른 기준들은 모두 지지할 수 없는 것으로서 배척하려는 경향이 있다.

반대편 군중의 주장에 대해 객관적이고 비판적으로 이해하는 것조차 차단하는 것은 어쩌면 비판적으로 생각하는 습관이 다른 군중 콤플렉스만큼이나 파괴적이라고 제대로 판단했기 때문일 것이다. 또한 오래된 군중은 혁명을 피할 수 있는 가능성이 있다 해도 해체될 위험을 감수하기보다 그 상태 그대로 남아 끝까지 버티다가 죽는 것을 더 선호하기 때문일 것이다. 그래서 로마인들은 기독교인들이 당나귀의 머리를 숭배한다고 기꺼이 믿었던 것이며, 중세의 가톨릭은 레오(로마의 교황, 레오 10세: 재위 1513~1521. 면죄부 판매를 비난한 루터를 파문하여 종교개혁의 발단이 되었다)의 법정에서조차 북부 독일에서 일어난 반란의 의미를 파악하지 못했던 것이며, 수많은 사람들이 종교개혁에서 수도사 루터가 아내와 결혼하기를 원한다는 근거 없는 사실만을 보았던 것이다."

마틴은 개인이 집단에 소속되면서 얻게 되는 주된 만족감은 자존감을 만들어내는 것을 통한 허영심의 충족이라고 생각한다.

마틴이 자신의 주장에 주로 의존했던 프로이드학파의 이론은 헨리 와터슨이 뉴스의 억압에 대해 했던 말이 개인적인 욕망의 억압에도 동일하게 적용된다는 결론으로 이어진다. 뉴스와 개인 모두 억압되지 않는다는 것이다. 평범한 사람에게 가해지는 이런 사회적 억압은 자신의 집단 내에 편안하게 머물기 위해 집단의 기준에 만족하며 순응하는 개인을 만들어내는 결과로 이어진다.

하지만 이런 식으로 금지되어 있던 본능과 욕망은 상황만 된다면 어떤 식으로든 벗어나 충족시킬 방법을 찾으려는 경향이 있다. 개인에게는 금지에서 벗어날 수 있는 통로가 대부분 차단되어 있다. 예를 들어, 법을 위반하지 않고서는 자신의 호전적인 본능을 만족시킬 수 없는 것이다. 그 개인이 벗어날 수 있는 유일한 방식은 일시적일지라도 동료들의 공감을 얻어내는 것이다. 그것이 바로 마틴이 군중심리와 군중행동은 '구성원들의 개인적이며 무의식적인 정신에 숨어 있던 힘의 결과이며, 단순히 일정한 종류의 사회적 모임에 의해 배출된 힘'이라고 하는 이유다. 군중은 아무런 방해 없이 개인의 욕망에 따라 개인의 생각을 드러낼 수 있도록 해준다.

"모든 군중은 자화자찬하며 허세를 부리고, 마치 신탁과 같은 최후의 판결을 내리며, 스스로를 도덕적으로 우월하다고 여긴다.

그리고 권력을 가지고 있는 한, 모든 사람의 주인 행세를 하게 될 것이다. 사회의 각 집단과 분파가 스스로가 군중이라는 생각을 받아들였을 때 어떤 식으로 '국민'이라고 주장하는지를 주목해야 한다."

군중이 스스로를 과시하는 실례로서 마틴은 대부분의 집단이 반대편 집단과 벌이는 크고 작은 충돌 속으로 기꺼이 빠져든다는 것에 주목한다.

"전체적인 관심을 끌어모으고 군중을 장악하는 수단으로는 경쟁만큼 쉬운 것이 없다. 군중은 무의식적으로 그들의 구성원을 다른 쪽의 경쟁자와 연관시킨다. 경쟁의 성공은 이긴 군중이 패배자를 향해 '우쭐해질' 수 있게 해준다. 그런 행위는 상징적인 의미를 갖게 되어, 자신들이 중요하다는 기분을 고양시키기 위해 이기적으로 활용된다. 사회에서 이런 이기주의는 지배하려는 욕망으로 나타난다."

마틴에 따르면, 이것이 바로 '지도자들이 사회운동이나 어떤 견해에 대해 새로운 지지자를 확보하려 할 때마다 직관적으로 최종적인 승리는 당연하다고 반복해서 말하게 되는' 이유이다.

마틴이 설명한 두 가지 사항이 내게는 대단히 중요해 보인다. 우선, 마틴은 군중심리가 결코 교양이 없는 사람들에게만 한정되는 것이 아니라고 정확하게 지적한다.

"어떤 계급이든 군중으로서 행동하고 생각할 수 있으며 실제로, 그 계급의 이해관계와 관련되어 있는 한 일반적으로 그렇다."

군중심리가 사람들의 물리적인 결집이 있을 때만 발견되는 것은 결코 아니다. 이 사실은 홍보고문의 문제들을 이해하는데 중요하다. 그는 언제나 광고의 구독자, 통신문의 수취자, 라디오 연설을 혼자 듣는 청취자, 아침 신문의 독자가 설명하기 어려운 군중심리의 일부분이라는 것을 명심해야만 하기 때문이다.

10년 전 베르그송이 미국을 방문했을 때, 프랑스어와 영어로 진행된 그의 세미나 두 곳 모두 사람들이 몰려들었다. 참관자가 보기에 모든 강연에 성실하게 참석했던 청중들이 강연의 내용을 거의 이해하지 못한다는 것은 분명했다. 그들의 행위는 군중심리를 드러내는 한 가지 사례였다.

모든 사람들이 소설 〈메인 스트리트〉(싱클레어 루이스의 풍자소설. 1930년 노벨문학상을 수상했다)를 읽는다. 독자들은 각자 자신들의 서재에서 군중의 성향으로 반응하려고 한다. 자신들이 믿고 있는 방식으로 느꼈던 것이다.

군중심리로 인해 개인들이었다면 생각도 하지 못할 야만적인 행위가 일어났던 입회신고식 사건은 마틴이 '하층계급'이라 부르는 사람들 사이에서만 일어나는 일이 아니다. 부유한 집안의 대학생들과 성공적인 사업가와 전문직업인 사이에서도 일어난다. 선택된 집단 사이에서 군중심리가 드러나는 축구경기는 보다 더 독특한 사례이다. KKK단의 폭력적인 지지자들 중에는 피해를 입은 지역의 '가장 훌륭한' 가문들이 포함되어 있었다.

군중은 사회와 개인에게 거의 언제나 널리 퍼져 있는 심리상태이다. 긴장과 흥분에 빠지게 되면 개인의 정신 속에 언제나 존재하고 있던 그것이 뚜렷하게 표현된다. 이것은 사람들이 대중적인 의견에는 왜 그처럼 긍정적이며, 반대되는 관점에 대해서는 그토록 편협한지를 부분적으로 설명해준다. 평화로운 여름날 자신의 서재에 있는 대학교수도 텍사스나 조지아에 있는 폭력집단의 단원들이나 마찬가지로 군중심리의 한 단위로서 반응할 수 있다.

트로터는 자신의 책 〈평화와 전쟁 시기의 군중의 본능〉에서 우리에게 앞으로 더 많이 연구해야 할 것들을 제시하고 있다. 그는 군중의 응집력을 강조하면서 근원적인 원인들과 '무리' 성향의 결과를 검토한다.

개인들의 습성을 표준화하고 그것에 논리적인 근거를 부여하려는 집단의 성향은 홍보고문의 업무에서 중요한 요소이다. 트로터에 따르면, 지배적인 견해가 나타나고 영향력을 행사하게 되는 것은 합리화된 어떤 견해를 당연한 진실이라고 해석해서 군중이 그 개인적인 견해를 지지하도록 만들기 때문이다. 이것은 사회에서 많은 견해들을 널리 퍼뜨리는 것이 그처럼 쉬운 이유를 설명해준다.

'군중의 가장 중요한 속성은 동질성이다.' 동질성의 생물학적 중요성은 생존 가치에 있다. 늑대 무리의 힘은 개별적인 늑대들의 힘을 합친 것보다 훨씬 더 강하다. 이러한 동질성의 결과가 '군중'의 관점을 만들어낸다.

동질성에서 비롯된 심리적인 결과들 중의 한 가지는 군생동물은 고립되는 것을 가장 두려워하며, 무리와 함께 있을 때 안전하다는 느낌을 갖게 된다는 사실이다. 인간에게는 고립에 대한 공포가 집단과 의견을 일치시키려는 욕구를 만들어낸다. 트로터는, 바로 여기에서 '인류가 언제나 계급을 구분하기 위해 드러내는 뿌리 깊은 충동'을 발견하게 된다고 말한다.

트로터는 이렇게 말한다.

"오락과 종교와 정치와 관련된 문제에서 우리들 각자의 의견과 행동은 어떤 계급이나 집단 속 집단의 동의를 얻어내야만 한다.이것은 군중이 제시하는 것만을 받아들이도록 하는 분명한 효과가 있다. 이런 피암시성(被暗示性)이 일반적인 것은 아니며, 본능의 작용으로 오직 군중의 제안만을 받아들인다는 사실에 주목하는 것이 특히 중요하다. 예를 들어, 인간은 경험을 통해 배운 것에는 놀라울 정도로 무관심하다. 당당하게 인류의 진보라고 불리는 것들의 역사는 이런 사실을 생생하게 보여준다. 증기기관과 같은 것들의 발달 과정을 돌아보면, 각각의 발전이 지극히 명확한 것이었지만 그 기계장치가 완성될 때까지 완강하게 거부당했다는 것에 놀라지 않을 수가 없다."

인간의 군집본능은 종종 대단히 복잡다단한 행위로 나타나지만, 본능적인 행위의 모든 속성들을 지니고 있다. 그런 행위는 대개 합리화되지만 본래의 속성을 숨기지는 못한다.

우리는 선거운동의 쟁점들을 잘 따져보고, 냉정하게 판단하여 결정했기 때문에 공화당 후보에게 투표했다고 진지하게 생각할 것이다. 하지만 지난 선거에서 공화당 후보에게 투표했기 때문일 수도 있고, 비록 모호하기는 해도 공화당의 강령에 포함된 원칙이 우리 내면의 감성적인 반응을 일깨웠기 때문일 수도 있고, 싫어하는 이웃이 하필 민주당원이었기 때문일 수도 있다.

리프먼은 이렇게 말한다.

"대부분의 경우 우리는 먼저 본 다음에 정의를 내리지 않으며, 먼저 정의를 내린 다음에 본다. 엄청나게 번잡하고 소란스러운 외부세계의 혼란 속에서 우리를 위해 미리 정의되어 있는 것을 선택한다. 그리고 선택한 그것을 우리의 문화가 만들어놓은 전형적인 형식으로 인식하려는 경향이 있다."

트로터는 '귀걸이를 하는 유럽 여성이 코걸이를 하는 유색 여성의 야만스러움을 냉소하게 되는' 심리과정과 '아프리카 추장이 실크해트를 나라의 필수적인 물품으로 존중하는 것을 재미있다고 생각하는 영국인이 그것과 다를 바 없는 거대한 상징이 있는 교회에 가는 자신의 행위가 똑같은 일이라는 것을 모른 척하는 과정'을 합리화의 몇 가지 사례로써 제시한다.

트로터에 따르면, 인간의 군집성향은 모든 군생동물들과 공유하는 다섯 가지 특성들로 나타난다.

1. "인간은 육체적으로나 정신적으로 외톨이가 되는 것을 견디지 못하고 두려워한다." 버팔로를 무리 속으로, 인간을 도시 속으로 들어가게 만드는 동일한 충동에서 인간에게는 무리에게 정신적으로 귀속되었다는 의식이 필요하다. 인간에게는 우세한 세력에 소속될 때만큼 편안한 때가 없다.

2. "인간은 다른 어떤 자극보다 무리의 목소리에 더 민감하다."
트로터가 이런 특성을 생생하게 보여주는 구절 전체를 인용해보자. "무리의 목소리는 그의 생각과 행동을 억압하거나 북돋을 수 있다. 이것은 그의 도덕원칙이며 윤리기준이며 철학이다. 그

에게 에너지와 용기와 인내심을 부여할 수 있으며, 쉽사리 없애
버릴 수도 있다. 이것은 그 자신에게 내려진 벌을 묵묵히 따르도
록 하고, 사형집행인을 받아들일 수 있게 해주며, 가난을 감수하
고, 폭정에 굴복하고, 아무런 불평 없이 굶주림에 빠져들도록 할
수 있다. 단순히 저항 없이 곤경과 고통을 받아들일 수 있도록
할 뿐만이 아니라, 완벽하게 예방할 수 있는 고통이 지극히 정의
롭고 고결한 것이라는 설명을 진실로서 받아들일 수 있도록 한
다. 이런 군중암시의 극치는 어쩌면 인간의 뿌리 깊은 군집본능
에 대한 가장 명확한 증거일 것이다."

3. "무리의 폭력 속에서 그는 같은 패거리의 열정에 쉽게 휩쓸리
며, 공황 속에서는 무리의 열정에 빠지기 쉽다."

4. "그는 리더십에 대단히 민감하다."

트로터는 리더십에 대한 욕구는 종종 분석을 참지 못하는 속성
을 갖고 있는 리더십에 의해 충족되며, 그래서 이성의 요구보다
는 충동을 만족시켜야 한다는 것을 지적한다.

5. "동료들과의 관계는 그 무리의 구성원으로서 인정받는 것에 따
라 좌우된다."

트로터는 군집성향이 생물학적으로 타고난 것이라고 생각한
다. 그래서 군중의 반응은 공황상태나 집단폭력과 같은 사태의

발발에 한정되지 않고, 모든 인간의 생각과 감정 속에 있는 변치 않는 요소이다. 군중의 견해에 대한 개인의 민감성을 연구한 결과를 논의하면서, 트로터는 이렇게 말한다.

"믿음은 인간의 뿌리 깊은, 타고난 편견일 수밖에 없다. 다른 말로 하자면, 어떤 주장의 근거가 명확하게 군중과 분리되어 있지 않는 한, 긍정적이든 부정적이든, 거부당하지 않고 훨씬 더 쉽사리 인정된다. 그러므로 인간은 단순히 공황상태나 집단폭력, 최면상태 등에서 일시적으로 영향을 받는 것이 아니라 언제 어디서나 어떤 상황에서도 쉽게 영향을 받는다."

자기 집단이 갖고 있는 규범의 일부인 어떤 생각에 쉽게 영향받는 것은 '로마에서는 로마인처럼 행동하라'는 오래된 격언으로 무척이나 간명하게 표현될 수 있다.

심리학자들이 개인 정신의 근본적인 요소들과 집단 반응에 대한 관계를 정의해 놓은 것이 홍보고문에게는 도움이 된다.

우리는 지금까지 개인의 정신적인 동기들과 집단정신의 동기들을 살펴보았다. 개인과 집단의 생각과 행위에서 드러나는 특징들도 살펴보았다. 비록 간략하지만 이 주제들을 모두 살펴본 것은 모두 홍보고문에게 필요한 지식의 기초가 되는 것이기 때문이다. 그것들의 적용에 대해서는 뒤에서 논의하기로 한다.

제6장
대중의 변화를 이끄는 집단과 군중의 기본 구조

　여론을 형성하는 기관들은 그 자체가 통제력을 발휘하는 요소인 환경에 맞서 작업을 수행한다. 통제력을 발휘하는 이런 환경의 실제 특성에 대해서는 뒤에서 이어가기로 하겠다. 우선 그런 환경이 있다는 것을 증명하는 몇 가지 사례들을 살펴보고 나서 그것의 기원과 기준들에 대해 살펴보기로 하자.

　강력한 기준들이 여론 형성에 도움이 된다고 알려진 기관들을 통제한다. 이런 기관들 자체와 그들이 대중에게 끼치는 영향을 이해하려면 그들의 기원과 작용 그리고 능력에 대한 이해가 필요하다.

　기관과 대중의 상호작용을 추적해보면 복종과 리더십이 순환한다는 것을 발견하게 된다. 언론과 학교를 비롯한 의견을 만들어내는 기관들 스스로가 완전히 통제할 수 없는 환경 속에서 활동한다.

다시 언론으로 돌아가 맥락을 살펴보기로 하자.

언론이 구성원들 모두가 동의하는 결과를 만들어내지 못하는 경우가 많다는 것은 언론 스스로가 완전히 통제할 수 없는 환경에서 활동하고 있다는 것을 보여준다. 뉴욕 타임스의 슬로건인 '발행하기에 적합한 모든 뉴스'는 이런 생각을 강조하고 있다. 적절함에 대한 발행자의 기준은 많은 독자들의 관점을 전하는 것으로, 재정적인 성과와 더불어 구독자를 확보하고 유지할 수 있도록 해준다.

신문이 대중에게 판매되어야 한다는 사실은 그들이 대중을 만족시켜야 하며, 어느 정도는 대중의 요구에 따라야 한다는 증거이다. 언론에는 대중이 원하는 기사와 대중에게 필요한 기사를 제공하는 것 사이를 절충하려는 지극히 인간적인 경향이 있다. 이것은 맥코맥이나 라흐마니노프와 같은 예술가들이 연주곡 목록을 대중에게 맞추는 음악에서도 마찬가지다. 매니저와 제작자 그리고 극작가가 함께 줄거리와 상황 그리고 결말을 조절하여 대중이 기꺼이 관람료를 지불하고 관람하러 오도록 하는 연극에서도 마찬가지다. 이것은 미술, 건축, 영화에서도 마찬가지이며, 강단과 설교대에서도 마찬가지이다.

예를 들어, 소위 급진적이라는 설교자도 추종자들이 그의 견해를 받아들일 준비가 되어 있을 때에만 급진적인 생각을 널리 퍼뜨릴 수 있다. 퍼시 스티크니 그랜트 목사가 기존 교단의 큰 골칫거리였던 것은 수많은 교구민들이 오로지 그의 '견해'만을 열정적으로 듣고 받아들이려 했기 때문이었다. 복음주의자인 빌리 선데이 목사도 신앙심을 자극할 메시지를 기다리고 있던 사람들 사이에서 신자들을 끌어 모을 수 있었다.

강력한 외부의 영향이 여론을 형성하는 세력에 도움이 된다는 또 다른 증거는 신문의 실질적인 뉴스 선택에서 볼 수 있다. 대중은 실제로 일정한 형식의 사실들은 제외할 것을 요구한다. 편집데스크에 도착하는 수많은 내용으로부터 하루의 뉴스를 골라내야 하는 모든 신문사가 겪는 지속적인 문제는 편집자의 선택을 유발시키는 근거들에 대한 검토가 필요하다는 것을 정확하게 보여준다.

1922년 4월 19일자 〈뉴욕 트리뷴〉에 게재된 대단히 흥미로운 광고에서 트리뷴의 편집자들이 이 문제를 가장 사실적으로 설명하고 있다. 광고의 제목은 '그 날 또 어떤 일들이 벌어졌을까?'로 다음과 같은 내용이었다.

"카요 부인은 가스통 칼메트를 살해한 혐의로 파리에서 재판을 받고 있었다."

"롱아일랜드에서 야간 진료를 받던 여성이 의사의 진료실에서 의문의 총격을 당했다."

"두 명의 복면강도가 옐로우스톤 파크에서 45대의 승합마차를 세우고 관광객 165명의 현금을 모두 강탈해갔다."

대중이 커다란 관심을 보였던 로맨틱한 범죄, 수수께끼 같은 범죄 그리고 대담한 범죄의 기사들은 갑작스럽게 신문에서 사라졌다. 대중은 그 사건들을 잊어버렸다. 뉴스로서 마치 일어나지도 않았던 사건처럼 취급되었다. 다른 중요한 사건이 일어났기 때문이었다.

"카요 부인이 석방되던 날 오스트리아가 세르비아에 전쟁을 선포했다. 러시아는 14개 군단을 독일 국경으로 이동시켰으며 독일의 밀 가격은 폭등했다."

"신문이 게재한 모든 뉴스는 그 날 또 다른 어떤 일이 있어났는지에 영향을 받는다. 만약 당신이 딸의 약혼을 발표한 그 날 지진이 일어난다면, 그녀의 사진은 신문에서 사라지게 된다."

"뎀프시와 카펜디에의 권투경기가 있는 날 골프에서 홀인원을 성공시킨 사람이라면 스포츠 면과 관련된 기사에 관한한 운이 없는 것이다."

"진짜 뉴스가 터졌을 때, 세미뉴스는 사라져야 한다. 진짜 뉴스가 거의 없을 때라면 세미뉴스가 1면으로 돌아오게 된다. '어떤 유명인사가 일요일 밤에 영세민구제전도단에서 식사를 하기로 했다.' 비록 타이타닉 호의 침몰과 같은 대형사건이 일요일 밤에 전신을 타고 도착하기는 해도 월요일은 일반적으로 이런 따분한 뉴스가 있는 날이다."

"모든 신문이 빅뉴스를 대서특필한다. 빅뉴스가 없을 때, 세미뉴스에서 진짜 뉴스를 선별해내는 진정한 편집이 필요해진다."

"따분한 뉴스가 있는 날 읽었던 기사가 여러분의 국가와 동료 시민들에 대한 인식을 형성하게 된다. 선정적이지 않은 뉴스를 통해 세상을 보게 되고, 옳든 그르든 개인과 사건의 진정한 가치를 평가하게 된다."

"신문이 어떤 사건에 부여하는 상대적인 중요성은 여러분의 생각과 성격은 물론 자녀들의 생각과 성격에도 영향을 끼친다. 신문을 읽는 습관만큼 확고하게 자리 잡은 일상적인 습관은 없기 때문이다."

트리뷴의 광고에 언급된 각각의 기사들은 뉴스였다. 그날 발행된 신문들 사이의 비교는 분명 이런 기사들을 다루는 방식과 각각의 뉴스에 부여하는 상대적인 중요성에 상당한 차이가 있다는 것을 보여준다. 선택의 근거는 분명 개별적인 신문사의 고객들이 갖고 있는 일반적인 기준이다.

발표하기 위해 생각을 선택하는 것은 생각을 전달하는 모든 매체에서 진행된다.

이런 선택 기준은 오랫동안 인정되어왔다. 그래서 〈애틀란틱 몬슬리〉 1911년 2월호의 기사에서 캔자스대학 언론학과의 학과장이었던 하가 교수는 신문과 관련하여 이 문제에 관심을 보이면서 "지역신문의 의무들 중 한 가지는 뉴스의 선택이다. 몹시 뒤엉켜 있는 그날 하루의 사건들 중에서 무엇을 선택해야 할까? 채택되는 것보다 버려지는 '원고'가 더 많을 것"이라고 지적했다.

"〈뉴욕 선〉은 전문 잡지처럼 특정한 고객을 염두에 두고 명확하게 기사를 작성한다. 하루의 뉴스들 중에서 취급 계획에 적합한 것을 돌출시키며, 재미있는 내용으로 채울 수 있는 뉴스들은 너무 많지만, 수많은 사건들을 다루지 않고 남겨둔다. 〈뉴욕 이브닝 포스트〉는 다양한 고객의 취향에 맞춰 기사를 작성한다. 〈월드〉와 〈저널〉은 전혀 다른 계획을 갖고 있으며, 동시에 발행되는 신문들이 짧게 언급했거나 무시한 이야기를 '강조'한다. 그래서 대도시 신문의 편집자는 뉴스를 가려내는 훈련이 되어 있으며, 풍부한 자료에서 그 신문의 전통이 요구하는 내용에 맞춰 선택한다. 공급이 너무 풍부해서 편집자는 시장에 나온 재료를 다 사용하지 않고도 쉽게 만찬을 차릴 수 있다. 무의식적으로 그는 식도락가가 되며, 그에게 선택의 기회가 주어지지 않고 시작되는 날은 하루도 없다."

리프먼도 동일한 관찰 결과를 밝혔다.

"독자들에게 도달했을 때 모든 신문은 어떤 아이템을 게재할 것인지, 어떤 입장에서 게재해야 할 것인지, 어느 정도의 분량으로 게재할 것인지, 각각 어떤 것을 강조할 것인지와 관련하여 일련의 선택과정을 모두 거친 결과물이다. 여기에 객관적인 기준들은 없으며, 관례가 있다. 동일한 지역에서 같은 날 아침에 발행된 두 가지 신문을 살펴보자. 한 신문의 헤드라인은 '영국은 프랑스의 침공에 맞서 베를린을 원조하기로 약속했다. 프랑스는 공개적으로 폴란드를 지원했다.'이며 두 번째 신문의 헤드라인은 '스틸

먼 부인의 또 다른 사랑'이다. 여러분이 어떤 제목을 더 좋아하느냐는 취향의 문제이지만 '편집자의 취향의 문제는 전혀 아니다.' 이것은 '일정수의 독자들이 30분 동안 자신의 신문에 집중하도록 만드는 것에 관련된 판단'의 문제인 것이다."

　　미국의 연극무대는 줄곧 대중의 요구에 따랐으며 자신들이 겪고 있는 변화를 의식적으로 대중의 탓으로 돌렸다. 광고의 성격은 명확하게 대중의 요구에 따르며, 가짜 광고는 대부분 사라졌다. 영화 역시 상영하는 영상의 종류나 드물게는 연기의 형태와 관련하여 모두 다 대중의 취향과 압력에 반응해왔다.

　　그러므로 여론을 변화시키는 이 기관들과 다른 기관들 자체가 통제요소인 환경에서 작용한다는 것은 명확하다. 이제 이런 통제하는 환경의 진정한 특징에 대해 살펴보기로 하자.

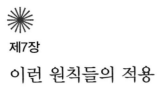

제7장

이런 원칙들의 적용

트로터와 마틴을 비롯해 여기에 인용했던 저자들은 모두 홍보 고문의 실제 경험이 보여주는 것을 확인시켜준다. 즉, 홍보고문이 대표하는 주장에는 그가 도달하고자 하는 대중과 공통적인 집단 반응과 전통이 있어야 한다는 것이다. 이것은 서로에게 호의적인 반응을 보일 수 있기 전에 있어야만 한다. 이러한 공통적인 기초들이 있다면, 그것들을 이용하거나 없애기 위해 많은 것들을 실행할 수 있다. 여론이 조작된다는 주장과 마찬가지로 여론이 여론 형성 기관들을 지배한다는 주장도 진실이 아니다.

홍보고문은 자신의 효율적인 업무 수행에는 언제나 이러한 한계들이 있다는 것을 인식하고 있어야 한다.

'국가를 이끌기 위해' 집단의 선택을 받은 '지도자'는 대중 정서에서 드러나는 사소한 불만에도 귀를 기울여야 한다. 집단 내에서 도덕적인 지도자로 인정받는 설교자는 여론에 충실히 따르는 모습을 보여야 한다.

여론에 대해 이처럼 극단적인 견해를 주장하는 비평가들은 너무나도 쉽게 원인과 결과를 혼동한다. 강연자와 청중 사이의 공감은 강연자가 만들어낼 수 있는 것이 아니다. 그는 공감을 더욱 강화시킬 수도 있고, 요령 없는 연설로 공감을 약화시킬 수도 있지만 아무런 기초 없이 만들어낼 수는 없다.

산아제한 교육 운동의 지도자인 마가렛 생어는 자신의 생각에 찬성하는 청중에게 연설할 때 열광적인 반응을 일으킬 수 있을 것이다. 하지만 자신의 생각에 미리 반감을 품고 있는 집단에게 자신의 견해를 주입시키려 할 때는 물리적인 폭력은 아닐지라도 욕설을 듣게 될 수도 있다. 마찬가지로 이례적인 범죄의 급등으로 대중이 화가 나 있을 때 교도소 개혁을 이야기하는 사람은 아무런 호응도 얻을 수 없다. 반면에 라듐의 공동발견자인 퀴리부인이 미국을 방문했을 때, 라듐 대기업과 여성위원회가 그 방문의 중요성을 대중에게 집중적으로 알렸기 때문에, 국가적인 환대를 받을 수 있었다. 만약 퀴리부인이 2년 전에 방문했다면, 소수의 과학자들 외에는 관심이 없었을 것이다.

지도자와 대중 사이의 상호작용을 생생하게 보여주는 역사적인 사례는 해군 소장 듀이에게 닥친 갑작스러운 반전이었다. 스페인-미국 전쟁의 우상이었음에도 그를 흠모하던 대중이 자신에게 선물한 집을 아내에게 주면서 대중적인 지지를 잃었던 것이다. 어떤 이유에선지 대중은 듀이 소장이 밝힌 지극히 명확하고 훌륭한 이유들에 대해 전혀 공감하지 않았던 것이다.

그러므로 일부 사람들이 격정적으로 장황하게 말하는 것처럼 홍보고문이 여론에 책임이 있다는 것은 사실이 아니다. 사람들의 견해를 규격화하거나 확고한 믿음을 유지하도록 설득하는 일에는 홍보고문이 필요하지 않다. 확고한 믿음은 실질적이거나 그럴 것이라고 파악된 인간의 욕구를 만족시키는 것으로 확고해지는 것이다.

시나리오 작가와 설교자, 정치인, 극작가와 마찬가지로 홍보고문은 여론 형성에 일정한 역할을 한다. 또한 대중이 실질적으로 언론인과 시사평론가, 시나리오 작가, 설교자와 정치인의 마음을 결정한다는 것도 사실이다. 대중의 생각이 가리키는 주된 방향이 종종 돌이킬 수 없을 정도로 지도자를 향해 고착되어 있기도 하다.

헨드릭 반룬은 〈인류의 이야기〉에서 나폴레옹과 대중 사이의 작용과 상호작용을 묘사하면서 이러한 점을 명확하게 보여준다. 나폴레옹이 민주주의와 평등을 바라는 대중의 생각에 맞춰 올바르게 이끌었을 때는 성공적인 지도자이며 영웅이었지만, 나중에 대중이 폐기해버리고 잊으려 애썼던 목표, 즉 완고한 보수주의로 되돌아갔을 때는 압도적인 패배를 맞이했던 것이다.

〈손상된 상품〉은 홍보고문이 자신과 함께 일할 준비가 된 크고 작은 대중 집단을 통해 성 위생학을 이해시켰기 때문에 미국 대중이 '매독'이라는 단어를 받아들이도록 만들 수 있었다.

여론은 두 세력 사이의 상호작용의 결과인 것이다.

상호작용은 홍보고문이 어떤 입장에서 세상과 관계를 유지하는지, 그리고 그가 어떤 요소들과 관련되어 있으며, 어떤 요소들에 의해 자신의 업무를 성공적으로 완수하는지를 보다 더 명확하게 확인할 수 있게 해준다.

홍보고문은 이러한 분야에서 개인과 집단의 심리에 대한 자신의 지식을 지속적으로 활용해야 한다. 그래서 지금까지 개인정신의 기본적인 요소들과 집단정신과의 관계에 대해 살펴보았다. 홍보고문은 첫째, 확립된 사안들의 대행자로서 그 안정성이 흔들리거나 더 큰 영향력을 원할 때와 둘째, 한 분야에서 자리를 잡기 위해 노력하는 집단의 대행자로서 전면에 나설 수 있다.

리프먼은 프로파간다는 검열에 의존한다고 말한다. 나는 그와 정확히 반대되는 것이 보다 더 진실에 가깝다고 생각한다. 프로파간다는 집단의 정신과 군중의 반응이라는 검열을 이겨내겠다는 목적이 있는 의도적인 노력이다.

일반적인 시민은 이 세상의 가장 효과적인 검열관이다. 그 자신의 정신이 그와 사실들 사이에 있는 가장 큰 장애물이다. 그 자신만의 '논리 불통 구간'과 절대주의는 집단적인 반응이 아닌 경험과 생각에 의해 바라보는 것을 가로막는 장애물이다.

홍보고문이 쌓아온 훈련은 특정한 문제에 대해 공평한 관찰자의 눈으로 바라볼 수 있도록 자신의 집단에서 벗어나게 해주며, 의뢰인의 관점을 분명히 전달하기 위해 개인과 집단의 정신에 대한 지식을 활용하도록 해준다.

제3부

홍보의 기술과 방법

제1장

확립된 의사소통 매체를 통해서만 다가설 수 있다

　미국이 지리적으로나 사회적으로 한정된 지역에서 전통을 공유하는 소규모의 사회단위로 구성되어 있을 때, 특정한 견해를 대중들에게 직접 전달하는 것은 상대적으로 수월했다. 18세기 초에는 사회적, 정치적 견해를 주장할 때 별다른 비용이나 어려움 없이 팸플릿을 통해 뉴잉글랜드 전체에 전달할 수 있었다. 자신이 만든 잡지와 소책자로 13개 주를 모두 선동할 수 있었다. 그것은 집단의 문화적 전통이 동일한 자극에 민감하게 반응하도록 만들기 때문이었다.

　리프먼은 당시에는 한 사람만의 힘으로 자기 시대와 세대에서 조국의 공통적인 의지를 응집시킬 수 있었다고 말한다. 오늘날에는 인류가 만들어낸 그 어떤 위대한 슈퍼맨도 그와 똑같은 결과를 성취할 수는 없다.

인구가 증가했으며, 국가 내의 지리적인 영역이 확장되었다. 이질성 역시 증가했다. 특정한 지역에 살고 있는 집단에는 이제 공통의 선조와 전통도 없고 통일된 생각도 없을 가능성이 대단히 높다. 이런 요인들로 인해 오늘날에는 어떤 주장을 펼치기 위해선 자신의 주장을 사회 앞에 대변해줄 전문가가 필요하게 된다. 그 전문가는 규범과 풍습과 언어마저 전혀 다른 다양한 집단에 접근하는 방법을 알고 있어야 한다. 이런 필요성이 홍보고문이라는 분야가 발달하는 결과로 이어졌다.

특정한 견해의 제안자는 혼자 활동하든 홍보고문의 지침에 따라 활동하든 현존하는 접근 방법을 활용해야 한다는 사실을 이해하고 있어야 한다. 오늘날의 환경에서는 독립적인 기관의 설립이 가능하지 않다. 혁신가와 혁신운동은 자신만의 고유한 의사소통 창구를 만들 수 없다. 그들은 현존하는 일간신문과 잡지, 순회강연, 광고 매체, 영화 채널 그리고 생각을 전달하기 위한 그 밖의 수단들을 통해 많은 일들을 처리해야 한다. 홍보고문은 자신이 대표하는 집단을 대신하여 서로 다른 접근법을 통해 다수와 소수의 사람들에게 다가서야 한다.

사회의 이질성과 방대한 심리적, 지리적 문제들 그리고 수많은 사람들에게 접근하고 영향을 끼치는데 필요한 돈과 그 밖의 어려움에도 불구하고 홍보고문이 생각과 사실을 대중에게 전달하는데 성공할 수 있다면, 상황에 대한 훌륭한 이해로 이러한 어려움들을 극복하는데 성공할 수 있다면, 그의 직업은 사회적 가치가 있는 것이다.

완벽한 동질성은 대중과 개인의 반응이 무기력할 정도의 획일성으로 나타나므로 전혀 바람직하지 않다. 반면에 포괄적인 사회적 목표에 대한 동의는 진보를 위한 필수적인 요소이다. 산업적 목적에 대한 폭넓은 동의 역시 바람직하다. 그런 동의나 통일된 목표가 없다면 진보는 있을 수 없으며 공동체는 실패하게 된다.

전쟁 기간 동안 국민적인 사기를 진작시키는데 가장 유능했던 사람들은 국가 전체가 자발적으로 식량공급을 제한하고, 설탕 섭취를 포기하도록 독려하거나, 뜨개질이나 적십자 활동과 자발적인 기부를 독려하면서도 이러한 기초적인 필요사항들을 잊지 않았다.

리프먼은 국가 및 사회 단위를 구성하는 특별하고 지역적인 관심사들 사이에서 응집력을 이끌어내기 위한 세 가지 방법을 제시했다. 홍보고문은 오직 세 번째 것만을 활용할 수 있다.

첫 번째 방법은 '정치적인 후원과 보조금'이라고 설명되는 것이다. 이것은 오늘날 응집력을 유지하기 위해 주로 입법기관들이 의존하는 방법이다. 한 가지 예로서, 지역 우체국의 설립이나 항구나 강의 준설을 위한 법안과 관련하여 활용된 방법을 조사해보면, 한 지역의 대표자가 다른 지역의 대표자에게 다음에 다른 안건에서 찬성해준다면 그에 상응하는 지원을 약속한다는 것을 알 수 있다. 이 방법은 비록 그들이 국가의 최대 이익을 위해 일하지는 않는다 해도 모두가 함께 일한다는 느낌을 강화해 준다. 이와 비슷하게 한 도시의 시장은 학교 교사들을 달래기 위해 몇 가지 법령을 제정한다. 시장은 나중에 다른 사업에서 그 교사들이 자신을 지지해 줄 것이라고 기대하는 것이다.

리프먼이 명명한 두 번째 방법은 '공포와 복종에 의한 통치 행위'다.

세 번째 방법은 '국가 상황에 대한 이해와 국가의 대의가 모든 사람에게 명확할 정도로 고도로 발달된 정보와 분석, 자의식 체계에 기반한 통치 행위'다.

전제적인 체계는 붕괴되고 있다. 자발적인 체계는 여전히 발전의 초기 단계에 있으므로 대규모 국민집단 사이에서 국가연맹이나 산업정부 또는 주들의 연방과 같은 연합의 가능성을 예측하는데 있어, 공동의식을 위한 요소가 어느 정도 있느냐에 따라 협력은 어느 정도까지 강제력에 의존하게 될지 또는 강제력보다 온건한 대안인 후원과 특권에 의존할지가 결정된다. 알렉산더 해밀튼(미국 조지 워싱턴 정부시절 재무부장관. 재위 1789~1795)과 같은 뛰어난 국가건설자의 비밀은 이러한 원칙들을 평가할 방법을 알고 있었다는 것이다.

예를 들어, 미국이 정보에 의한 교육 방법에 크게 의존하고 있다는 것은 전쟁 기간 동안 연방정보위원회와 같은 기관들을 구성한 것에서 확인된다. 홍보고문은 자신이 선택한 매체를 통해 미국의 전쟁 목적과 이상에 대한 이해를 조성하는데 필요한 정보를 대중에게 제시했다. 위원장인 조지 크릴(George E. Creel 1876~1953)과 그의 조직은 현대적인 생각 전달의 모든 방법으로 국가적인 요소들의 모든 측면을 제시하면서 광범위한 집단에 접근했다. 하지만 미국도 응집력을 확보하기 위해 다른 두 가지 방법을 활용했다.

사실 전쟁 중인 모든 국가에서 가장 적게 의존하는 방법은 '국가적 상황에 대한 이해와 국가의 대의가 모든 사람에게 명확할 정도로 고도로 발달된 정보와 분석, 자의식 체계에 기반한 통치 행위'다.

이런 체계의 붕괴는 작고, 비효율적으로 조직된 집단에서는 발생하지 않았다. 사회조직이 고도로 발달된 대표적인 조직에서 발생했다.

만약 이것이 가장 잘 조직된 사회집단의 운명이라면, 그들이 평화 시기에 새로운 생각들을 얻기 위한 공청회를 열었을 때 사회, 경제, 교육 또는 정치 집단들이 마주치게 될 문제에 대해 생각해보자. 어떤 집단이든 자신들의 생각을 쉽게 인정받지 못한다는 것을 보여주는 수많은 사례들이 있다.

미국이 현재의 크기와 다양성을 지닌 국가로 발전하면서 서로의 견해에 대립하는 군중으로 분리하려는 인간의 자연스러운 성향을 강화시켰기 때문에 어떤 문제에서든 공통의 의지를 만드는 것이 더욱 어려워졌다.

이런 어려움은 군중들이 서로 다른 전통적, 도덕적, 정신적 세상에 살고 있다는 사실 때문에 한층 더 강조된다. 의사소통의 물리적인 어려움이 집단의 분리를 더욱 강화하고 있는 것이다.

군생본능에 대한 연구에서 트로터의 결론은 이 문제를 이해하는데 큰 도움이 된다.

"인간의 다채로운 반응이 지닌 엄청난 힘을 군생습관의 완전한 이점을 달성하는데 필요한 전례 없이 정밀한 상호 의사소통의 힘으로 만들어야 한다. 그러한 힘이 나타났던 적이 거의 없었다는 것은 명확하며, 동시에 과학자에 대한 경멸과 인도주의자에 대한 혐오라는 특성을 사회에 제공한 것이 바로 이 결함 때문이라는 것도 명확하다."

예를 들어, 노동자와 고용주의 혈통이 같다면, 양측이 모두 이해할 수 있는 용어로 노동의 여러 어려움들을 명확하게 논의할 수 있다. 오늘날 미국철강주식회사는 남유럽인, 북유럽인, 미국인으로 구성된 수천 명의 직원들에게 회사의 계획을 설명하기 위해 엄청난 노력을 기울여야 한다.

평화협정 기간 동안 체코슬로바키아는 미국 내의 자국인들에게 도움을 요청하려고 했지만 이 집단은 미국 전역의 많은 도시에 모호하게 분산되어 있었다. 그래서 이렇게 흩어져 있는 사람들에게 접근해야 했던 홍보고문은 교육 받은 사람과 교육 받지 않은 사람, 도시인, 농촌인, 노동자와 전문직업인이 모두 논리적으로나 감성적으로 이해할 수 있도록 자신의 메시지를 쉽게 설명해야만 했다.

대중이 전혀 모르고 있던 디아길레프 러시아 발레단을 대중에게 알리려 했던 홍보고문에게는 전혀 다른 형태의 동일한 문제가 있었다. 그래서 그는 상이한 지리적, 예술적 전통과 취향, 새로운 것에 대한 거부감 그리고 이미 다른 형식의 오락에 강하게 고착된 관심과 같은 어려움들을 극복해야 했다.

오늘날의 지배집단은 수백 년 전의 가장 성공적인 전제군주보다 자신들의 위치를 더 안전하게 확보하고 있다. 오늘날에는 지배집단을 대체하기 위해 극복해야만 하는 관성이 훨씬 더 커졌기 때문이다. 어떤 것이든 유력한 세력이 되기 전에 수많은 관점을 지닌 수많은 사람들에게 접근하여 통합해내야만 한다. 통합은 오직 모든 집단의 최대공약수를 찾는 것으로만 확보될 수 있다. 동질성이 없는 거대한 집단이 호응할 하나의 공통 요소를 찾는 것은 어려운 일이다.

최근 철도회사들이 연합하여 대중을 향한 직설적이며 대단히 호소력이 있는 홍보활동을 펼쳤다. 그들은 철도 선로를 건너갈 때 경각심을 갖도록 단순하고 시각적인 내용을 담은 생생한 포스터를 활용했다. 정부가 제대군인의 재취업을 위해 노력할 때, 홍보고문은 대단히 복잡한 이해관계에도 불구하고 고용주와 귀환병들에게 명확하고 신속하게 호소해야 했다. 그는 적극적인 이해를 구하기 위해 충성심, 공정성 그리고 애국심이라는 가장 기본적인 호소 방법을 선택했다.

오늘날의 지배력은 육군이나 해군 또는 재산이나 정책의 산물이 아니다. 한편으로는 완성된 통일성에 기초하지만, 다른 한편으로는 반대세력이 일반적으로 심하게 분열되어 있다는 사실에 기초한 지배력이다.

의회에 참석할 대표를 선출하는 제도는 대단히 확고하게 정립되어 있어 오늘날 현존하는 그 어떤 세력도 뒤엎을 수는 없다. 좀 더 구체적으로 말하자면, 왜 공화당과 민주당이라는 두 정당이 이처럼 오랫동안 지배적인 세력으로 유지될 수 있는 것일까? 시어도어 루즈벨트의 리더십만이 잠시 그 세력을 대신했을 뿐이며, 그 이후의 사건들을 보면 그런 성공을 거두었던 것은 그의 정당이 아닌 루즈벨트였다는 것을 알 수 있다.

노동자농민당과 사회당은 수년간의 조직적인 운동에도 불구하고 기존의 정당들에게 대항세력으로 강하게 인식되는 것에도 실패했다. 지배집단을 전복시키겠다는 세력의 분열은 우리의 정치적, 도덕적 그리고 경제적인 삶의 모든 국면에서 매일 확인할 수 있다. 비록 일치된 의지나 행동으로 하나의 집단을 통합하는 어려움을 겪는다고는 해도, 새로운 견해를 사람들에게 전달할 새로운 매체를 만들어내는 경우는 거의 없다.

비용을 들여 전국을 광고와 홍보물로 뒤덮을 수는 있다. 대중에게 접근하기 위한 새로운 강연 사업을 마련하기 위해선 많은 비용이 들 것이며, 오직 한정된 범위에서만 효과적일 것이다. 어떤 생각을 전파하기 위해 독립적인 라디오 방송국을 설립하는 것은 어려울 것이며, 아마 상상을 뛰어넘을 정도로 많은 비용이 필요할 것이다. 새로운 영화와 배급회사를 만드는 일은 더디게 진행될 것이며, 가능하다 해도 매우 어렵고 비용도 많이 들 것이다.

대중에게 접근할 새로운 매체의 설립이 어렵다는 사실은 홍보 고문이 대중의 생각을 자신이 대변하는 집단의 문제로 집중시키기 위해 활용하는 주요 매체들을 살펴보면 가장 잘 알 수 있다.

어떤 견해를 발표하기 위한 새로운 매체의 설립이 어렵다는 사실은 오늘날 미국의 신문과 잡지가 처해 있는 상황만 살펴봐도 쉽게 알 수 있다.

미국인들은 언론의 훌륭한 서비스에 익숙해져 있다. 그들은 신문의 뉴스 서비스뿐만 아니라 물리적인 외형에도 높은 수준을 요구한다. 일간신문은 지역과 국가 그리고 국제적인 관심사와 주요 현안에 대한 기사를 제공해야 한다. 현대 생활의 복잡한 활동에서 신문은 독자들이 관심을 가질 주제들을 찾아내고 선별해야 한다. 또한 독자들에게 신선한 뉴스를 제공해야 한다. 비록 뉴스 자체에 대한 정의는 모호하다 해도, 뉴스는 신선해야 한다는 사실만은 변함없이 인정받고 있기 때문이다.

뉴스를 수집하고 인쇄하고 배포시설을 갖추고 널리 인정받는 신문을 설립하려면 한 집단이 더 이상 자체적인 표현기관에만 의존하기 어려울 정도의 엄청난 비용이 필요하다. 크리스천 사이언스 교회는 기존의 독자와 새로운 대중에게 다가서기 위해 자신들의 훌륭한 간행물인 〈크리스천 사이언스 모니터〉에만 의존하지 않는다. 정당의 경우처럼 당파나 계급에 근거한 주장을 펼치는 신문도 그처럼 비싸고 힘든 과정을 거쳐 이루어낸 결과에는 만족하지 못한다.

기븐은 자신의 책 〈신문 만들기〉에서 대도시 일간지의 발행에 필요한 엄청난 비용을 지적한다. 그들이 담당해야 하는 현장과 잠재수익에 비례하여 소규모 일간지들도 분명 똑같은 경제적인 문제들에 직면하게 된다. 기븐은 이렇게 말한다.

"신문에 대한 깊은 지식이 없는 사람들은 신문사를 시작하거나 이미 설립된 신문사를 운영하는데 필요한 막대한 자금에 대해선 전혀 모른다. 기계 설비와 배포 서비스만으로도 수십만 달러의 투자가 필요하며 — 뉴욕의 어느 신문사의 기계설비는 백만 달러다 — 일정한 경비가 지출되어야 하며 급여는 엄청나다. 신문사에게 편집부의 봉급명세서는 특히 만만치 않다. 확실하게 자리 잡은 간행물에 고용되어 있는 편집자와 기자들은 기껏해야 난항에 빠지게 될 모험은 언제나 꺼려하므로, 오직 높은 임금으로만 모셔올 수 있다.

창간된 대다수의 신문사들은 이제 곧 추억이 될 것이며, 일반적으로 예상하는 것보다 더 적은 수의 신문사가 저마다의 방식으로 비용을 감당하고 있다. 현재 뉴욕시에서 아침과 저녁 신문을 각각 75,000부씩 발행하고, 수익성이 있는 회사로 자리잡으려는 일류신문사에 필요한 설비는 총 3백만 달러로도 충분하지 않다. 이미 설치된 생산라인을 운영하면서도 대중에게 호감을 살 만한 비범한 특징이 없는 신문사는 앞으로 20년 동안 지속적인 손해를 보게 될 것이다. 거의 5만 달러인 평균적인 주간 지출계정을 감당해야 하는 뉴욕의 사업 경영자들이 있다는 것을 알게 된다면, 엄청난 손실의 가능성을 누구나 쉽게 예측할 수 있을 것이다. 이와는 대조적으로, 천만 달러를 지불해도 구입할 수 없는 뉴욕의 신문사가 있다는 것도 덧붙여야겠다."

본질적으로 똑같은 문제점을 논의하면서 오스왈드 개리슨 빌라드는 대도시에서 신문사가 줄어들고 있는 것에 주목하면서 미국에 다가온 뉴스 독점의 위험성을 지적한다.

"신문사의 환경이 엄청나게 비용이 늘어나고 독점으로 향하고 있는 경향 때문에, 신문사를 설립하는 열정과 의욕으로 활동하게 될 사람들이 차단될 위험이 있다. 이런 환경에 대해 연구자들은 크게 우려하고 있다. 일반적으로 자금이 풍족하지 않던 노예제 폐지론자와 공화당 창립자들이 대단히 짧은 시간 내에 자신들만의 언론을 설립했던 것처럼 새롭고 인기 없는 개혁의 주창자들이 자체적인 언론을 갖출 수 없게 된다면 어떤 희망을 가질 수 있을까?"

홍보고문은 언제나 자신이 호소하는 주제를 세분하여 최대한 다양한 통로를 통해 대중에게 제시해야 한다. 이런 전달 통로가 기존의 확립된 통로여야 한다는 것은 한계이면서 동시에 기회이기도 하다.

　사람들은 기존의 통로를 통해 전달된 사실들을 받아들인다. 그들은 새로운 소식을 익숙한 방식으로 듣고 싶어 한다. 그들은 즉시 입수할 수 없는 사실들을 직접 찾아볼 시간도 없고, 그럴 마음도 없다. 그러므로 전문가는 우선적으로 의뢰인에게 바람직한 행동양식을 조언해야 하며, 그 다음으로는 대중에게 견해를 제시하기 위해 기존의 의사소통 매체들을 활용해야 한다.

　대중이 갖추고 있는 지식과 견해를 수정하거나 강화시켜 변화시키기를 원하는 주체가 다수이든 소수이든, 기존의 인물이든 새로운 인물이든, 기관이든 집단이든 관계없이 이렇게 하는 것이 옳다.

제2장

사회의 겹치는 집단 구조와 지속적인 집단의 이동, 인간 본성의 변화하는 조건

홍보고문은 여론을 대상으로 일한다. 여론은 개인적인 생각들의 산물이다. 개인적인 생각들이 집단의 생각을 구성한다. 그리고 확립된 질서는 집단의 관성에 의해 유지된다. 홍보고문에게 이러한 관성마저 극복할 수 있도록 해주는 세 가지 요소가 있다.

첫째는 사회의 겹치는 집단 구조, 두 번째는 집단의 지속적인 이동, 세 번째는 집단들이 반응하게 되는 물리적 조건의 변화다. 이런 것들은 모두 인간 본성의 선천적인 유연성에서 비롯된다.

많은 사람들이 생각하는 것과는 달리 사회는 두 개의 집단으로 나뉘어져 있지 않다. 현대 사회가 자본과 노동으로 나뉘어져 있다고 생각하는 사람들이 있다. 페미니스트는 이 세상이 남성과 여성으로, 굶주린 사람은 부자와 가난한 사람으로, 선교사는 이교도와 신도로 나뉘어져 있다고 생각한다. 만약 사회가 두 개의 집단으로 나뉘어져 있을 뿐이라면 변화는 오직 폭력적인 격변을 통해서만 나타날 수 있다.

예를 들어, 사회가 자본과 노동으로 나뉘어져 있다고 가정해 보자. 조금만 조사해보면 자본가가 동질성이 있는 집단이 아니라는 것은 분명히 나타난다. 한편으로는 엘버트 H. 개리(US스틸 설립자)나 존 D. 록펠러(미국의 최고 사업자, 석유왕으로 불린다) 같은 대자본가가 있고 다른 한편으로는 작은 가게의 주인이 있으며, 그들 사이에는 견해와 이해관계에 차이가 있다.

경우에 따라서는 어느 한 집단 내에서도 극명한 차이와 경쟁적인 연대가 발생하기도 한다.

예를 들어, 자본가 집단 내에서도 1년에 1만 달러의 순수입이 있는 소매상은 비슷한 수입이 있는 생산자와 관세 문제에 대해 전혀 다른 입장을 취하기 쉽다. 어떤 면에서 자본가는 소비자이며, 또 어떤 면에서는 노동자이다. 많은 사람들이 노동자이면서 동시에 자본가이다. 높은 급여를 받는 노동자가 자유공채나 노동자금융회사의 주식 배당 수입을 얻게 되는 것이 한 가지 예이다.

다른 한편으로는 이른바 노동자도 이해관계가 완전하게 일치하는 동질의 집단으로 구성되어 있지는 않다. 육체노동자와 정신노동자 사이의 경제적인 상황에는 아무런 차이가 없을 수도 있지만 이 두 집단을 멀리 떨어져 있도록 만드는 전통적인 견해의 차이가 있다. 또한 육체노동의 좀 더 좁은 분야에서 미국노동총연맹이 대표하는 집단은 세계산업노동자동맹의 집단이 공감하는 것과 이해관계에서 빈번히 대립한다. 미국노동총연맹 내에도 여러 구성단위가 있다. 가장 큰 조합들 중의 한 곳에 소속된 철도기관사는 석탄노조에 소속된 광부와 이해관계가 전혀 다르다.

농부는 독자적인 계급이다. 하지만 소작농일 수도 있으며 농지나 소규모 경작지의 소유자일 수도 있다.

무척이나 모호하게 '대중'이라고 불리는 집단은 온갖 종류와 조건을 지닌 사람들로 구성되어 있으며, 특정한 종류나 조건은 관찰하거나 분류하려는 개인의 관점에 따라 달라진다. 크고 작게 대중을 세분할 경우에도 마찬가지이다.

홍보고문은 많은 집단들이 존재하며, 매우 뚜렷하게 겹치는 집단이 있다는 것을 고려해야만 한다. 이것 때문에 자신의 목적에 맞게 세분한 어느 한 집단을 향해 다양한 방법으로 접근할 수 있게 되는 것이다.

유대인 자선단체지원연맹은 최근 수백만 달러를 모금하기 위해 연합건축기금이라는 캠페인을 시작했다. 캠페인의 지도자들은 목표를 달성하기 위해 사회를 유대인과 비유대인이라는 두 개의 집단으로 세분하거나, 기부를 할 수 있는 부유한 사람들과 그렇지 못한 가난한 사람들로 세분할 수 있었다. 하지만 그들은 접근하려는 집단들이 중복되는 속성이 있다는 것을 알게 되었다. 그들은 이러한 집단들의 구성을 면밀하게 분석한 후, 공통적인 사업적 이해관계를 지닌 집단으로 나누었다. 예를 들어, 치과의사, 은행가, 부동산 중개인, 기성복 제조업자, 영화와 극장 소유주 집단 등으로 정리했다.

이 단체는 각각의 집단별로 가장 큰 반응을 이끌어낼 수 있는 방법으로 접근하여, 각 집단을 구성하고 있는 개인들로부터 지원을 받았다. 집단들이 갖고 있는 사회적인 열망과 리더십을 향한 공명심, 이 집단들을 구성하고 있는 개인들의 경쟁심과 박애주의적인 성향을 이용한 것이었다.

게다가 이 집단들의 중첩되는 특성 때문에, 어느 한 사업집단의 구성원일 뿐만 아니라 다른 집단의 구성원이기도 한 모든 개인들에게 호소할 수 있었다. 예를 들어, 각 개인은 인도주의자이면서 공공심이 있는 시민이면서 헌신적인 유대인이기도 하다. 자선단체는 집단의 중첩되는 특성 때문에 목표를 보다 더 성공적으로 달성할 수 있었다.

사회는 거의 무한대의 집단으로 구성되어 있으며, 그 집단들의 다양한 관심사와 욕망은 부분적으로 겹치며 파악하기 어려울 정도로 뒤섞여 있다. 어느 한 사람이 소수종파의 구성원이면서 동시에 유력한 정당의 지지자이며, 노동으로 생계를 유지하는 노동자이면서 부동산 투자로 수익을 내거나 금융투자로 이익을 얻기도 한다. 종파와 관련된 문제에서는 어느 한 집단의 편을 들지만, 미국 대통령을 선택할 때는 다른 집단의 편을 들기도 한다. 자본과 노동 사이의 산업적인 문제에서는 그가 어느 편을 선택할 것인지를 미리 판단하기는 거의 불가능하다.

진보는 이러한 집단들의 지속적인 상호작용과 상충되는 이해관계에서 비롯되며, 홍보고문은 자신의 주장을 펼치면서 이런 사실에 주의를 기울여야 한다. 한 잡지사가 상업활동을 자극하면서 대중의 관심을 모으기 위해 시작했던 '모험가들(The Go-Getters)'이라는 운동은 전국적으로 빠르게 확산되었다. 모든 종류의 사업에 호소했기 때문이며, 각 집단의 구성원들 중에는 대규모 집단인 세일즈맨 집단에 속해 있는 사람들이 있었기 때문이었다.

잠시 메트로폴리탄 오페라 하우스의 특별관람석에 있는 인사들을 살펴보기로 하자. 부자들로 구성되어 있지만 대개는 음악애호가들일 것이기 때문에 이런 경제적인 분류는 단지 여러 가지 분류들 중 하나일 뿐이다. 음악애호가라는 분류를 다시 세분해서 보면 이 집단에는 예술애호가도 포함되어 있다는 것을 발견하게 된다. 여기에는 스포츠맨도 포함되어 있다. 상인과 은행가도 포함되어 있으며, 철학자도 있고 자동차 여행자와 아마추어 농부도 포함되어 있다.

러시아 발레단의 미국 공연에 이 집단의 주요 인사들은 참석했지만, 홍보고문은 더 많은 사람들이 참석하도록 중첩되는 집단을 중심으로 홍보활동을 펼치면서 다양하게 겹치는 그들의 관심사를 활용했다. 예술애호가는 자신이 속한 예술 집단이나 예술 간행물을 통해 발레단에 대한 소식을 듣고, 무대의상과 무대장치 사진을 통해 관심을 갖게 되었다. 사진을 통해 관심을 갖게 된 음악애호가는 음악에 대한 글을 읽으면서 더 큰 관심을 갖게 되었을 것이다.

개인들은 모두 러시아 발레단에 대한 정보를 한 가지 이상의 매체를 통해 알게 되면서 반응했던 것이다. 그중 어떤 것이 가장 크게 영향을 끼쳤는지 말하기는 어렵다. 하지만 사회의 중첩되는 집단이 더 많은 사람들에게 접근할 수 있도록 했으며, 발레단이 단지 잘 구성된 예술공연이라는 것으로만 소개되었을 경우보다 더 많은 영향을 끼쳤다는 것은 분명하다.

이런 사회적 특징의 활용은 최근 실크에 대한 대중의 관심을 강화하고자 했던 실크 회사의 활동에서 확인할 수 있다. 그 회사는 기본적으로 여성들이 잠재고객이라는 것을 알고 있었지만, 이 집단을 구성하는 여성들이 동시에 다른 집단의 구성원이라는 것도 이해하고 있었다. 그래서 여성클럽의 구성원들에게는 패션을 구체적으로 표현하는 방식으로, 박물관을 방문하는 여성들에게는 예술작품으로서 전시해 소개했다. 어쩌면, 같은 도시에 있는 학교들에게는 실크가 누에의 자연사에 대한 수업 소재로 활용되었을 것이다. 미술 클럽에게 실크는 색채와 디자인 요소로, 신문사에게는 실크 공장에서 일어났던 일들이 중요한 뉴스 소재로 제공되었다.

실크 회사는 각 여성 집단들의 가장 큰 관심사에 근거해 접근했다. 학교 선생님에게 교실에서는 교육자로서, 방과 후에는 여성클럽의 구성원으로서 접근했다. 그녀는 신문의 여성 독자로서 실크 광고를 읽게 되고, 박물관을 방문했던 여성 집단의 구성원으로서 전시된 실크를 보았으며, 집에서는 자녀를 통해 실크를 접하게 되었다.

이 집단들은 모두 실크를 구입할 잠재 시장을 구성하고 있으므로 회사는 각 개인을 향해 다양한 방식으로 접근했다. 이러한 것들이 홍보고문이 자신의 주장을 펼치면서 집단 사이의 교류와 상호작용을 염두에 두고 있어야만 하는 이유가 된다.

사회에서 이런 상황의 흥미로운 결과는, 새로운 생각에 찬성하게 된 집단이 옛 생각을 갑작스럽게 배제하면서 진보가 나타나는 경우는 거의 없다는 것이다. 오히려 이런 집단 내의 개인들이 서로에 대한 그리고 사회의 전체 구성원에 대한 생각을 재구성하면서 나타난다.

어떤 상황이나 어떤 마음의 상태에서 다른 상태로 서서히 변화할 수 있도록 만드는 것은 바로 이런 집단의 중첩 즉, 평범한 사람의 정신적, 사회적, 심리적인 참여의 다양성과 불규칙성이다. 평생 어느 한 집단에만 소속되어 있는 사람은 없다. 일반적인 사람은 아주 많은 집단들의 지극히 일시적인 구성원이다. 이것이 수용성과 열린 마음을 만들어내기 때문에 사회에서 진보를 이끌어내는 가장 강력한 원동력들 중의 하나가 된다. 개인적인 참여의 불규칙성에서 비롯된 태도의 변화는 의식적인 노력에 의해 가속화되고 유도될 수 있다. 지극히 은밀하게 시작되기 때문에 사회가 오랫동안 알아차리지 못하는 이러한 변화들을 특정한 방향의 결과를 만들어내도록 유도할 수 있다.

홍보고문은 변화된 외부적인 조건들을 자신의 업무에서 고려해야만 한다.

그런 변화들은 영향 받는 사람들의 이해관계와 견해의 변경으로 이어진다. 또한 집단과 개인의 반응을 모두 바꿀 수 있게 해준다. 홍보고문 역시 그것에 관심을 집중시키거나 영향 받는 사람들의 이해관계 따른 해석을 제시하여 변화된 외부 환경의 결과들을 바꿀 수 있다.

라디오가 한 가지 예가 될 수 있을 것이다. 업무의 관점에서 보자면 라디오는 홍보고문이 자신의 메시지를 다양한 집단에게 즉시 전달할 수 있는 새로운 매체가 된다. 홍보고문은 라디오가 어떤 특정한 구역에서 대중의 견해에 어떤 차이를 만들어냈는지 또는 어떤 차이를 만들어낼 것인지를 평가할 준비가 되어 있어야 한다. 예를 들어, 라디오로 인해 평범한 농부가 이전보다 더 긴밀하게 세상에서 벌어지는 사건들을 알게 되었는지를 검토해야 하는 것이다.

예를 들어, 라디오의 경우, 그의 의뢰인이 라디오를 공급하는 대형 제조업체이며, 사업 확장을 위해 이런 변화된 외부환경의 가속화를 요구한다면, 그는 라디오의 분야와 활동 그리고 유효성을 확장시키게 될 것이다. 또는 대중에게 이런 새로운 도구의 중요성을 강조하고 명성을 강화시켜 환경을 변화시키는 사람으로서 자신의 임무를 더욱 훌륭하게 완수하게 될 것이다.

절약을 장려하는 저축은행들의 캠페인에서 볼 수 있듯이, 변화된 환경은 대중의 견해를 바꿀 수 있도록 이끈다. 당시에 이 캠페인이 성공적이었던 것은 인플레이션이라는 변화된 환경이 전파된 그들의 메시지를 대중이 쉽게 이해하고 따르도록 이끌었기 때문이었다.

변화된 환경으로 인해 대중이 견해를 바꾸게 된 또 다른 예는 중앙무역집행위원회와 뉴욕의 노동위원회가 정부에게 지방 철도를 인수하라고 요구했던 일이었다. 국유화는 20년 이상 학계에서 활발히 다루었던 주제였지만 일반 대중이 진지하게 관심을 기울였던 적은 거의 없었다. 그러나 철도노동자의 파업으로 어려운 상황이 발생하자 대중은 이 문제를 더욱 중요하게 받아들이게 되었던 것이다.

비행기는 서서히 사람들의 일상생활에서 중요한 요소로 등장하고 있다. 통근자들이 100마일이나 그 이상의 반경 내에 있는 도시에 정착할 수 있다는 사실이 국민의 심리에 어떤 의미일 것인지는 그저 추측 정도만 할 수 있을 뿐이다. 산업 중심지 외에는 도시들이 더 이상 존재하지 않을 수도 있다. 그곳에서는 더욱 큰 집단과 더욱 광범위한 이해관계가 있을 것이다. 지리적인 구분은 더욱 줄어들 것이다.

자동차가 처음 등장했을 때 운전은 위험하고 짜릿한 스포츠였다. 오늘날 자동차가 도시나 농촌에 사는 많은 사람들의 일상생활에 대한 근본적인 생각을 변화시켰다는 것을 알 수 있다. 자동차는 시골 지역의 고립을 상당 부분 없애버렸고, 지역민들의 교육 가능성도 늘어나게 했으며, 수백만 마일의 훌륭한 도로들이 건설되도록 했다.

변화된 환경의 의미와 중요성은 전국적이거나 지역적인 것이 될 수 있다. 하룻밤 사이에 혁명적으로 도입된 금주법처럼 그 범위가 전국적인 것일 수도 있고, 스타킹을 신지 않은 여성 수영객을 금지하는 코니 아일랜드 경찰서장의 명령처럼 지역적인 것일 수도 있다. 하지만 그러한 일들이 특정한 대중에게 아주 조금이라도 관계된 것이라면 홍보고문은 자신의 업무에서 고려해야만 한다.

인간 본성의 기초적인 요소들은 욕망, 본능, 타고난 성향으로 고착되어 있다. 하지만 능숙하게 대처한다면 이러한 기초적인 요소들의 방향을 무한히 변경시킬 수 있다. 인간의 본성은 쉽게 변형될 수 있다. 많은 심리학자들이 인간 본성의 구성 요소들을 정의하려 시도했으며, 비록 용어는 다르지만 어느 정도는 동일한 개요를 따르고 있다.

보편적인 본능들 중에는 안식처와 성욕 그리고 식욕을 포함하는 자기보존 본능이 있다. 현대의 기업이 대중에게 강력한 영향력을 발휘하기 위해 이런 세 가지 기초적인 본능을 이용하는 방식은 다양한 잡지들을 살펴보는 것만으로도 확인할 수 있다.

집밖에는 폭풍우가 몰아치고, 아늑한 가정에서 난방기 주변에 모여 있는 가족을 보여주는 난방기 회사의 광고는 안식처를 위한 보편적인 욕구를 확실하게 자극한다.

얇게 저민 고기와 맥주가 담긴 멋진 술잔을 생생한 그림으로 보여주는 굴덴 머스타드 광고는 우리들의 미각을 확실하게 자극한다.

성적 매력의 경우, 비누 광고들이 이러한 목적을 염두에 두고 치열한 경쟁을 펼치고 있다. 우드버리의 비누 광고인 '당신이 만지고 싶은 피부'가 대표적인 사례이다.

인간의 가장 기본적인 본능들 중에서도 자기보존 본능이 가장 유연하다. 건포도 공급업자들은 여론 전문가의 조언에 따라 이런 본능에 호소하는 '오늘 철분을 드셨습니까?'라는 슬로건을 채택했다. 철분은 기운을 돋구어주며 저항력을 증가시킨다고 알려져 있다. 이 슬로건에 반응했던 사람은 어려운 시기에 보험이 구해줄 것이라며 설득하는 보험가입 상담에도 반응하게 될 것이다.

유명한 헤어네트 제작회사는 제품의 판매량을 늘리기를 원했다. 그래서 홍보고문은 규모가 큰 대중 집단의 자기보존 본능을 자극했다. 그는 식품 공급업체들을 향해서는 위생과 관련된 자기보존을 이야기하고, 위험한 기계 근처에서 일하는 여성들에게는 안전과 관련된 자기보존을 이야기했다.

노동자가 약간의 돈을 저축하기 위해 식사비를 줄이도록 만드는 자기보존 본능은 공동기금에 기부하는 것도 안전 조치라는 것을 확인시켜줄 수 있다면 돈을 기부하도록 만들 것이다.

홍보고문은 의뢰인의 주장에서 그가 접근하려는 사람들의 기본적인 본능을 활용할 생각들을 도출한 다음 이런 생각들을 대중에게 전달하기 시작하는 것이다.

심리학자인 윌리엄 맥두걸은 주요한 일곱 가지 본능을 분류하면서 그것에 수반되는 감정들도 제시한다. 그것들은 도피 - 공포, 거절 - 혐오, 호기심 - 놀라움, 호전성 - 분노, 자기과시 - 의기양양, 자기비하 - 복종, 부모의 사랑 - 다정함이다. 이런 본능들은 홍보고문이 대중의 견해와 행동을 변화시키는 생각과 감정을 계발하는데 활용된다.

전염병이나 유행병이 퍼질 가능성을 강조하는 공중보건 관리들의 조치는 공포심에 호소하면서 동시에 확산을 차단할 가능성을 제시하기 때문에 효과적이다. 물론 이런 특정한 상황에서 도피라는 요소는 단순한 이동이 아니라 위험에서 벗어나려는 욕망의 요소이다.

혐오라는 감정을 수반하는 거절의 본능은 홍보고문이 자신의 작업에서 자주 활용하지 않는다.

반면에 호기심과 놀라움은 빈번히 활용된다. 특히 정부에서 발표할 안건이 있는 정치인은 실제로 발표하기 전에 대중의 관심을 일으키기 위해 온갖 노력을 다 쏟아 붓는다. 대중의 호기심을 만들어내기 위해 미리 반응을 살펴보려는 작업도 빈번히 펼친다.

출판업자들도 독자와 판매량을 늘리기 위해 연극의 서스펜스라는 호기심의 요소에 의존한다는 것은 흥미로운 사실이다. 이제는 유명해진 '이 그림에서 무엇이 잘못된 것일까?'라는 광고와 오헨리의 책들에서 활용된 것들이 이런 점을 잘 보여준다.

분노를 수반하는 호전성은 인간이 늘 갖추고 있는 감정이다. 홍보고문은 이 감정이 역할을 하게 될 온갖 종류의 사건을 구성하면서 이 감정을 지속적으로 활용한다. 또한 이 감정 때문에 그는 종종 싸움에 참여하고 문제들을 만들어내야 한다. 그는 악에 맞서는 전투 상황을 기획하여 대중에게 적군을 구체화시켜 보여준다.

결핵 사망률을 낮추고 싶었던 뉴욕시는 해마다 이 질병에 맞선 싸움에 시민들을 참여시켰으며 매년 사망자 수를 발표하여 전투 상황이라는 생각을 지속적으로 갖도록 했다. 뉴욕시는 공보물에서 전쟁 용어를 사용했다.

다양한 건강 캠페인에서 내세우는 '병균을 죽이세요'나 '파리 섬멸'과 같은 문구들은 이런 점을 잘 보여준다. 건강에 유의하라거나 시민의 의무를 다하라는 호소에는 반응하지 않았을 대중이 이 전투에서는 전혀 다른 방식으로 반응한다.

이런 호전성으로부터 끊임없이 평가와 경쟁을 만들어내는 홍보고문의 기법이 나타난다. 쿠퍼 유니온(뉴욕시에 설립된 과학과 예술을 위한 강좌대학) 포럼의 이사로 일했던 경험을 통해 마틴은 사람들을 가장 쉽게 끌어 모을 수 있는 관심사는 일정한 종류의 논쟁이 가장 일반적이라는 사실에 주목했다.

"뉴욕에서 대단히 중요한 문제들의 논의를 위한 대규모 집회를 열기 위해 노력하는 것을 본 적이 있었다. 그때 논의해야 할 주제가 논쟁적인 것이 아니라면 제아무리 광고를 잘 한다고 해도 그런 노력이 대개는 특별한 관심을 가진 사람들 일부만을 모으는 것으로 그치고 만다는 사실을 알게 되었다. 반면에 논의해야 할 문제가 민감한 당파심과 대중적인 분노와 관련된 것이라면 — 특히 그 문제가 반대나 곤경에 직면한 어느 유명인의 화려한 개인적 성취에 도움이 되는 것이라면 — 또는 시위를 결의하거나, 부정행위를 발표하거나, 특정한 유형의 사업을 비난하거나, '인류애의 적들'에 맞서 대외적인 원칙을 발표하는 경우라면 그것이 제아무리 하찮은 일이라 해도 많은 사람들의 집회 참석을 기대할 수 있었다.

모든 군중의 심리에는 이런 대립의 요소가 직간접적으로 압도적인 역할을 한다. 야구가 엄청난 인기를 끌도록 만든 것은 경쟁의 요소이다. 논쟁은 강연보다 더 많은 군중을 끌어 모은다. 공개 토론회에 많은 사람들이 참가하는 비밀들 중의 한 가지는 '서로 말대꾸하는' 토론이 허용되고 장려된다는 것이다. 전도사 빌리 선데이의 집회에 참석자가 많은 것은 그가 누군가를 매도할 것이라는 기대가 적지 않게 작용했던 것은 분명하다.

모든 종류의 경쟁만큼 쉽게 일반적인 관심을 끌고 군중을 만들어내는 것은 없다. 군중은 무의식적으로 그들의 구성원을 경쟁자들 중의 한 명과 관련시킨다. 경쟁에서 승리한 군중은 패배자들을 향해 우쭐거릴 수 있게 된다. 그런 상황은 상징적인 것이 되며 자신들의 자존감을 높이려는 자아에 의해 이용된다."

홍보고문은 호전성이라는 본능에서 자신이 관련되어 있는 견해에 대한 대중의 지지나 반대를 끌어내는데 활용할 수 있는 강력한 무기를 발견한다. 이 원칙에 따라 그는 가능하다면 언제나 자신의 문제를 논쟁의 형태로 설명하면서 자기편을 지원하기 위해 그런 힘을 끌어들일 것이다.

이 방법의 위험성을 인식하고 명심하고 있어야 한다. 호전성을 품위와 진보의 편에 끌어들일 수 있다. 호전성을 이런 관점으로 보는 사람은 뛰어난 신문발행인인 퓰리처의 말에 동의할 것이다. "대중과 언론이 진부한 기사보다 논쟁적인 기사에, 보기 좋게 꾸며주는 것보다 비난하는 것에, 무의미한 일을 하는 것보다 비난하는 것에 더 많은 관심을 갖는 것"이 특별하거나 비난받을 만한 일이 아니라고 볼 수 있다.

반면에 호전성 본능은 억누르고 압박하는데 이용될 수 있다. 하루하루 특정한 문제에 대한 명확한 결과를 이루어내야 하는 홍보고문의 관점에서 이 방법의 위험성은 단지 심리적이든 물리적이든 발명된 모든 무기가 지니고 있는 평범한 위험성일 뿐이다.

이와 관련하여 신문이 다른 매체들과 마찬가지로 관심을 끌기 위해 똑같은 방법을 활용한다는 것은 재미있는 일이다. 뉴욕 타임스는 고도기록, 연속비행시간, 비행거리 등과 같은 조종사들의 경쟁을 다루는 스포츠 기사를 발행하여 중(重)항공기에 대한 대중의 관심을 일으켰다.

리프먼은 이와 동일한 특성에 대해 이렇게 언급한다.

"하지만 호전성을 개입시키지 않는다면 직접적인 관련이 없는 사람들은 관심을 유지하기 어렵다. 관련이 있는 사람들은 별다른 사안이 없다 해도 충분히 열중할 수 있다. 그들은 미묘한 경쟁이나 창의성은 물론 활동에 대한 순수한 즐거움에 의해 자극받을 수 있다. 하지만 전반적인 문제가 외부의 일이고 관계가 없는 사람들에게는 이런 다른 기능들이 쉽게 작용하지 않는다. 명확해 보이지 않는 문제가 그들에게 중요한 일이 되기 위해서는 그들이 투쟁, 긴장, 승리에 대한 열정에 빠져들 수 있어야 한다."

우리는 어떤 편이든 선택해야 하며, 선택할 수 있어야 한다. 우리 존재의 깊은 곳에서, 객석을 벗어나 무대에 오른 영웅으로서 악에 맞선 선의 승리를 위해 싸워야만 한다. 우리는 이 은유로 호흡해야만 한다.

최근에 한 자선단체는 자선기금 모집을 위한 경연대회를 개최하라는 조언을 들었다. 호전성 원칙의 중요성에 대한 이런 인식은 올바른 것이다. 이 원칙의 적용이 적절하지 않거나 저속한 것은 아닌지의 여부에는 논쟁의 여지가 있다. 미국식 관세 평가에 반대하는 여성소비자위원회는 포드니 의장이 제안한 관세 조항에 대한 반대 입장을 분명히 했다. 기혼여성이 결혼 전의 성(姓)을 유지하기 쉽도록 하고자 했던 루시 스톤 연맹은 자신들의 연례연회에서 토론회를 개최하여 관습에 반대하는 투쟁을 극적으로 표현했다.

홍보고문은 매우 빈번하게 자기과시－의기양양 동기를 활용하여 집단 내의 특정한 사람들이 추진하고 있는 일에 더 큰 관심을 갖도록 대중의 관심을 그들에게 집중시킨다. 어떤 사회운동에 대한 지지나 충성도가 약한 사람을 공개적으로 칭찬하면 그가 운동에 강력한 요소가 된다는 것은 종종 확인할 수 있다. 그것이 바로 영리한 병원 운영진이 병실과 침상을 기증자의 이름으로 명명하는 이유이다. 이것이 많은 자선단체들이 레터헤드를 정성껏 제작

해놓은 이유들 중의 한 가지이다.

자기비하에 수반되는 감정인 복종은 거의 활용되지 않는다. 반면에 공직 출마자가 아기의 뺨에 입을 맞추거나, 실크 브랜드를 널리 알리기 위해 공적 행사에서 어린이가 퇴역군인에게 실크 깃발을 전달하도록 하는 등 부모의 사랑과 다정함은 끊임없이 활용된다. 전후에 수많았던 자선기금 모집은 이런 정서에 맞춰져 있었다. 굶주린 벨기에 고아는 모든 사진 속에 포함되었으며, 뒤이어 굶주린 아르메니아, 오스트리아, 독일의 고아들이 등장한 이 캠페인들은 모두 성공을 거두었다. 심지어 어린이가 주된 요소가 아닌 문제들에서도 이런 방식을 활용했다.

이 분류에는 군집성향, 개인주의, 획득 그리고 건설이라는 네 가지 다른 본능들도 포함되어 있다. 군집성향에 대해서는 앞에서 충분히 다루었다.

인간의 군집본능은 홍보고문에게 가장 효과적인 작업 기회를 제공한다. 집단과 군중은 모든 곳에서 지도자를 등장시킨다. 군중이 자신들의 생활에 중요하다고 판단하는 특정한 능력이나 문제점들 때문에 지도자는 두각을 나타내며 어느 정도는 맹목적인 추종을 받게 된다.

집단의 지도자는 집단이나 군중 내에서 강력한 권력을 얻게 되며, 리더십의 확립이나 획득과는 전혀 관계가 없는 문제들에서도 지도자로 인정받고 집단의 추종을 받게 된다. 남성과 여성의 이런 속성이 이번에는 홍보고문의 자유로운 활동이 가능하도록 해준다.

특정한 목표가 있는 집단의 지도자는 그의 리더십을 기대하는 모든 사람들을 새로운 목표로 이끌어간다. 예를 들어, 어느 저명한 공화당원의 국제연맹에 대한 지지를 확보한다면, 그의 지지가 다른 많은 저명한 공화당원들의 지지를 이끌어내게 될 것이다.

홍보고문이 작업하게 될 집단의 리더십은 오직 그가 접근하려는 집단의 특성에 의해서만 제한되므로 자신의 문제를 분석한 후, 세밀한 분류 작업을 해야 한다. 그의 활동은 그의 선택 능력과 지도자에게 접근할 가능성에 따라 결정된다. 사회나 정치집단, 여성이나 스포츠맨, 지역이나 연령, 언어, 교육의 구분에 의한 집단의 지도자는 무척 다양한 이해관계를 대변하게 된다. 이러한 세부적인 분류가 너무 많아서 미국 내에는 다양한 분야의 집단과 집단 지도자의 목록을 제공하는 사업을 하는 대기업들도 있다.

이 방법은 다른 많은 경우에도 활용된다. 홍보고문은 집단의 지도자를 찾을 때, 다른 지도자보다 더 다양하고 강력한 권위를 갖춘 지도자도 있다는 것을 알고 있어야 한다. 한 명의 지도자가 몇 개 또는 아주 많은 집단의 이상과 생각을 대표할 수도 있는 것이다. 어느 한 가지 원칙에 대한 그 지도자의 협력이 다른 이유로 그에게 관심을 갖고 있는 다른 집단들을 연대하고 함께 실행하도록 이끌 수도 있다.

말하자면, 홍보고문은 두 가지 협회, 즉 경제협회와 복지협회의 회장인 어느 한 사람의 지지를 얻을 수 있다. 그 사회운동은 전적으로 경제와 관련된 것이지만 그의 리더십 때문에 복지협회의 회원들이 논리적으로 직접적인 관계가 있는 경제협회 회원들만큼이나 흥미를 갖고 그 운동에 합류하게 되는 것이다.

이것은 특별한 예가 아니라 전반적인 상황으로서 제시한 것이다. 사회에서 중첩되고 지속적으로 이동하는 집단의 형성을 결정하는 원칙은 군집성향을 결정하기도 한다.

또 다른 본능인 개인주의는 군집성향을 수반하면서 자연스럽게 따라온다. 개인적인 표현 욕구는 집단을 형성하는 개인들에게 언제나 나타나는 특성이다. 개인주의에 대한 호소는 자기과시와 같은 본능들과 서로 밀접하게 협력한다.

획득과 건축 본능은 홍보고문의 통상적인 작업에서는 중요하지 않다. 이런 형식을 활용하는 예로는 '나만의 집을 소유하자'와 '나만의 집을 짓자'와 같은 캠페인이 즉시 떠오를 것이다.

제안, 모방, 습관 그리고 놀이에 대한 감수성은 선천적인 성향이다. 제안과 모방에 대한 감수성은 앞에서 다루었던 군집성향

아래 분류해도 괜찮을 것이다.

습관에 대한 감수성에서는 홍보고문이 끊임없이 이용하는 매우 중요한 인간의 특성이 등장한다. 습관이 만들어내는 것으로 홍보고문이 습관을 활용할 수 있도록 해주는 심리과정은 앞에서 이미 다루었던 고정관념이다.

신체 습관이 특정한 반사행동을 만들어내는 것과 마찬가지로 정신적인 습관은 고정관념을 만들어낸다. 이런 고정관념 또는 습관적인 사고방식은 홍보고문의 작업에 커다란 도움이 된다.

이런 손쉬운 반응법은 평범한 사람들에게 그것이 없을 때보다 훨씬 더 많은 느낌을 가질 수 있도록 해준다. 동시에 이런 고정관념 또는 상투적인 표현이 그들이 설명하려는 대상을 반드시 정확하게 표현하는 것도 아니다. 고정관념은 그의 마음상태는 물론 그가 노출되어 있는 외부적인 자극들에 의해 결정된다.

예를 들어, 장군에 대한 일반적인 고정관념은 금색 장식용 수술이 달린 군복을 입고 말 위에 앉아 있는 엄격하고 꼿꼿한 신사이다.

농부에 대한 고정관념은 허름한 작업복에 밀짚모자를 쓰고 지푸라기를 입에 물고 있는 구부정한 남성이다. 농부는 자기 농장에 관련된 문제들에는 빈틈이 없지만 문화와 관련된 문제에는 전혀 아는 것이 없다. 그는 '도시놈들'을 경멸한다. 이런 모든 것들이 '농부'라는 단어에 함축되어 있다.

홍보고문은 널리 알려진 고정관념을 활용하기도 하고, 때로는 고정관념과 싸우며 때로는 새로운 고정관념을 만들어낸다. 고정관념을 활용할 때, 그는 매우 자주 대중이 이미 알고 있는 고정관념에 자신의 새로운 생각을 덧붙여 제시하는 것으로 자신의 생각을 뒷받침하면서 전달력을 더욱 높인다.

예를 들어, 홍보고문은 대중이 여전히 교전중인 대표적인 국가라고 생각하는 오스트리아를 알리면서 오스트리아와 관련된 다른 고정관념인 도나우 월츠와 푸른 도나우 강이라는 고정관념을 내세운다. 그런 다음 좋아하는 도나우 월츠와 푸른 도나우 강이 있는 즐거움과 매력이 있는 국가라는 고정관념으로 도움을 호소한다. 이미 익숙해져 있는 고정관념을 받아들인 사람들에게 새로운 생각이 전달되는 것이다.

고정관념과의 싸움은 홍보고문이 미국평가계획에 맞섰던 투쟁에서 확인된다. 이 계획의 입안자들은 '미국'이라는 고정관념을 이용하기 위해 '미국평가'라고 불렀다. 이 계획에 맞서 싸우던 사람들은 이 주제를 언급할 때마다 이런 고정관념의 활용의 진정성에 의문을 표시하기 위해 '미국'이라는 단어에 인용부호를 붙였다. 그 결과로 명확하게 경제적이며 정치적인 문제에서 애국심은 완전히 배제시킬 수 있었다.

홍보고문은 새로운 고정관념을 만들어낸다. 스스로가 탁월한 조언자였던 루즈벨트는 '공정한 대우, 반갑습니다, 과잉보호, 몽둥이 외교'와 같은 고정관념의 창작자로서 널리 받아들여진 새로운 개념들을 만들어냈다.

진부해진 고정관념은 과거에는 인정받았던 대중에 대한 영향력을 잃게 되는 경우도 있다. '100퍼센트 미국인'이라는 고정관념은 지나친 사용으로 소멸되었다.

고정관념으로 활용되는 시각적인 대상들은 홍보고문이 기대하는 인상을 만들어내는데 매우 효과적으로 활용되는 경우가 많다. 연사의 단상을 장식하는 국기는 가장 흔한 장치이다. 과학자는 자신이 사용하는 도구와 나란히 서 있어야 한다. 화학자 주변에 실험관과 증류기가 없다면 대중에게는 화학자로 보이지 않는다. 의사는 의료기구 옆에 있어야 하며, 과거에는 반 다이크(초상화 화가로 유명한 17세기 플랑드르 화가) 수염을 기르고 있어야 했다. 음식공장의 하얀색 건물 사진은 청결하고 순수함을 전달하는 좋은 고정관념이다. 실제로 모든 엠블럼과 트레이드 마크는 고정관념들이다.

홍보고문이 고정관념을 활용하는 데에는 한 가지 위험이 있다. 그것은 사회관계의 모든 분야에서 선동가는 행동 대신 말을 통해 대중을 이용할 수 있다는 점이다.

홍보고문은 적절한 상황이 있을 때마다 인간의 타고난 성향인 놀이를 활용한다. 한 자선위원회는 모금을 위해 거리장터를 조성하라는 조언을 받았을 때, 이러한 성향을 인정하게 되었다. 어느 도시의 행정부가 시민을 위한 불꽃놀이를 마련하고, 대도시의 일간신문이 공기놀이나 말편자던지기 행사를 기획했을 때, 인간 사회의 놀이 성향은 배출구를 찾게 되며 그 이벤트를 만든 사람들은 아군을 발견하게 된다.

제3장

집단의 관점을 변화시키는 방법

홍보고문이 목적 달성을 위해 의존하는 특정한 기법들에 대한 문제는 어쩌면 책 몇 권을 쓰고도 남을 것이다. 상세한 설명은 거의 끝도 없이 이어질 수 있을 것이다. 남녀가 반응하는 자극에 대한 사례와 그들이 호감이나 비호감으로 반응하게 되는 상황 그리고 조건을 구체화하기 위한 자극의 특별한 적용 방법 등으로 가득 채울 수 있을 것이다. 하지만 똑같은 상황은 절대로 있을 수 없기 때문에, 그런 개략적인 설명은 원리에 대한 설명보다 중요하지 않을 것이다.

홍보고문은 대체로 이미 정의된 원리들로 구성된 이 원칙들을 여론이나 대중의 행동을 변화시키는 일에 종사하는 정치인, 언론인, 설교자, 강연자와 공통적으로 활용하고 있다.

홍보고문은 특정한 문제에 어떻게 접근할까? 우선, 그는 의뢰인의 문제와 의뢰인의 목표를 분석한다. 그 후에 대상이 되는 대중을 분석해야 한다. 그는 의뢰인이 실행할 수 있는 행동계획을 만들고, 대중에게 접근할 수 있는 방법과 활용할 기관을 결정해야 한다. 마지막으로 접근하려는 대중과 의뢰인 사이의 상호작용을 판단하기 위해 노력해야 한다. 의뢰인의 문제가 어떻게 대중의 마음에 영향을 끼치게 될 것인가? 그리고 여기에서 말하는 대중의 마음은 반드시 접근해야만 하는 대중의 어느 한 부분 또는 여러 부분들을 의미한다.

특정한 관세 법안에 대한 대중의 태도를 변화시키거나 영향을 끼쳐야 하는 문제에 직면한 홍보고문의 예를 들어보기로 하자. 물론 관세 법안은 근본적으로 구체적인 산업 환경에 경제학 이론을 적용해야 하는 문제이다. 홍보고문은 분석 작업을 실행하면서 한편으로는 자기 자신을 대다수 대중의 한 구성원으로 볼 수 있어야 한다. 그는 자신이 생산자, 소매상, 수입업자, 고용주, 노동자, 금융업자, 정치인이라고 상상해야 한다.

이런 집단들 내에서 이제 그는 스스로가 각 집단의 다양한 하위집단의 구성원이 되어야 한다. 예를 들어, 대부분의 원재료를 미국 내에서 구하는 생산자 집단의 일원이면서 동시에 상당량의 원재료를 외국에서 들여오기 때문에 제출된 관세 법안으로 인해 불리한 영향을 받게 되는 집단의 구성원이 되어야 한다. 그는 농장 노동자일 뿐만이 아니라 거대한 산업 중심지의 기계공이 되어야 한다. 백화점 매장의 주인이자 구매하는 대중의 일원이 되어야 한다. 그는 가능한 한 사회의 많은 계층에 영향을 끼치게 될 제안이나 제안의 조합을 찾아내기 위해 최대한 다양한 관점에서 일반화할 수 있어야 한다.

어느 호텔의 명성을 대중의 마음속에 더욱 강하게 자리 잡도록 하는 문제가 있다고 가정해보자. 홍보고문이 풀어야 할 문제는 호텔이 대중의 마음속에 자리 잡기를 기대하는 몇 가지 생각들과 호텔 사이의 긴밀한 연관성을 대중의 마음속에 심어주는 것이다.

그래서 홍보고문은 이 특별한 시기와 우연히 맞아떨어진 30주년 기념행사의 개최를 조언하면서, 그 도시에서 가장 뛰어난 사업가 집단으로 기념위원회를 조직할 것을 제안한다. 이 위원회에는 대중의 마음속에 확실한 결과를 만들어내게 해줄 몇 가지 고정관념을 대표하는 사람들이 포함될 것이다. 또한 위원회에는 주요 은행가, 상류사회 여성, 저명한 변호사, 영향력 있는 목사 등 그 도시의 가장 중요한 활동 영역을 망라하는 인사들이 모두 반영될 때까지 계속 추가될 것이다. 고정관념은 효과가 있으며 과거의 명확하지 않았던 호텔에 대한 인상은 보강되고 구체화될 것이다. 호텔은 대중의 마음을 사로잡을 것이며, 고정관념은 그 영향력을 입증하게 된다. 집단에 대한 다양한 고정관념과 연계시키는 것으로 호텔의 의도는 효과적으로 대중의 강한 관심을 끌게 된다.

또 다른 예가 있다. 비치넛 통조림 회사는 자사의 제품명이 베이컨과 동의어라는 사실을 대중에게 확고하게 알리고 싶었다. 홍보고문은 8월 한 달 동안 세일즈맨들을 상대로 전국 최고의 판매자를 선발하는 '비치넛으로 성공하라'는 경연대회를 조언했다. 하지만 여기에서 참가 예상자들이 대회의 목표와 일체화될 수 있도록 해줄 고정관념을 활용할 필요가 있었다.

전국적으로 유명한 세일즈 매니저들로 구성된 위원회가 경연대회의 심판관으로 선정되자 대회의 성공은 확실해졌다. 수천 명의 세일즈맨이 입상을 위해 경쟁했으며, 고정관념이 경연대회의 가치를 널리 알렸던 것이다.

홍보고문은 앞장에서 다루었던 욕구와 본능을 자극하고, 사회의 집단 형성이라는 특성을 활용하여 이런 일체화를 이끌어낼 수 있었다. 이런 기초 원칙들의 활용은 계속 이어질 것이며 효과적인 도움이 될 것이다.

홍보고문은 엄청나게 많은 자료들 중에서 대중이 자신의 문제를 쉽게 뽑아낼 수 있게 해주어야 한다. 소위 '대중의 주의력이 흔들리고 느슨해지는 경향'을 극복할 수 있어야 한다. 그는 신문이 헤드라인을 통해 독자들에게 얻어내려는 효과를 대중의 마음에서 얻어야 한다.

추상적인 논의와 다량의 사실들이 이론과 분석의 기초가 되지만, 단순화되고 극적으로 표현되기 전까지는 대중에게 전달될 수 없다. 치밀한 이성적인 사고와 미묘한 감정의 변화는 상당수의 대중에게 전달되지 못한다.

상충하는 이해관계에도 불구하고 널리 퍼트릴 매체에서 인정할 정도로 본능에 대한 호소가 강력하게 만들어질 수 있다면, 뉴스라고 부르기에 적절할 것이다.

그러므로 홍보고문은 자신의 생각을 전달하기 위해 어떤 매체를 선택하든 뉴스의 생산자이다. 어떤 매체를 통해 퍼뜨리게 되든 상관없이 뉴스를 만드는 것은 그의 의무인 것이다. 자신의 생각을 퍼뜨릴 기회를 주고 그가 호소하려는 본능에서 호의적인 반응을 이끌어내는 것은 뉴스의 중요성이다. 뉴스 자체에 대해서는 나중에 '언론과의 관계'를 다룰 때 정의할 것이다. 하지만 뉴스에 대한 정의는 내가 여기에서 언급해도 될 정도로 충분히 이해하고 있다.

홍보고문은 앞에서 논의했던 대중의 본능과 기초적인 감정에 호소하기 위해 자신의 생각을 중심으로 뉴스를 만들어내야 한다.

그 자체가 뛰어난 매력을 지닌 뉴스는 대중의 관심을 끌기 위해 노력하는 뉴스 시장에서 주목받게 된다. 홍보고문은 자신이 다루는 주제 전체에서 놀라운 사실들을 부각시켜 뉴스로 제공해야 한다. 그는 생각들을 세분하여 사건으로 만든 다음, 뉴스로서 보다 쉽게 이해하고, 집중할 수 있도록 만들어야 한다.

어떤 문제에 대한 홍보고문의 분석이 그 문제 자체와 관계되어 있듯이, 헤드라인과 만평도 신문과 그와 동일한 관계에 있다.

헤드라인은 복잡한 문제를 간결하고 생생하게 단순화한다. 만평은 추상적인 생각을 시각적인 이미지로 바꾸어 제공한다. 그래서 홍보고문의 분석이 그렇듯이, 관심을 이끌어내기 위해 중요하고, 흥미진진하고, 쉽게 이해할 수 있는 사항들을 부각시킨다.

리프먼은 이렇게 말한다.

"하지만 인간의 속성들 자체는 모호하고 수시로 변한다. 그것들은 구체적인 상징으로 가장 잘 기억된다. 그래서 우리가 느낌을 표현하는 명칭으로 부르는 인간의 속성 자체는 구체적인 은유로 떠올리게 되는 경향이 있다. 영국인과 영국 역사는 영국이라는 단어에 농축되며, 영국은 쾌활하고 뚱뚱하며 그리 똑똑하지 못하지만 자신의 일은 잘 처리하는 존 불(John Bull: 풍자작가 J. 아버스넛의 작품에 등장하는 전형적인 영국인을 가리킨다)이 된다. 어떤 사람에게는 한 민족의 대이동이 정처 없이 흐르는 강물처럼 보이며, 다른 사람에게는 엄청난 홍수처럼 보인다. 용감한 사람들의 행위는 바위, 그들의 목표는 길, 의심은 갈림길, 곤경은 바퀴자국과 암초, 진보는 비옥한 계곡으로 표현된다. 그들이 겁 없는 용사들을 동원하면, 칼집에서 검을 빼는 것으로 표현된다. 그들의 군대가 항복한다면 땅바닥에 내팽개쳐졌다고 표현된다. 그들이 학대를 받는다면 형틀에 눕거나 써레질을 당하고 있다고 표현된다."

어쩌면 대중의 모호한 성향을 이해하고 분석하는 그의 능력이 대중과 의뢰인에 대한 홍보고문의 주된 공헌일 것이다. 그가 의뢰인의 문제를 먼저 분석한 후에 대중의 마음을 분석한다는 것은 맞다. 그는 그 둘 사이의 의사소통 매체를 활용하지만, 그 전에 그 두 가지 요소를 잘 정리하기 위해선 개인적인 경험과 지식을 활용해야만 한다. 홍보고문을 중요하게 만드는 요소는 대중이 명확한 의견을 표현하기 전에 그들의 모호한 성향들을 구체화하는 그의 능력이다.

대중이 반응할 준비가 되어 있는 상징들을 만들어내고, 대중이 나타낼 반응들을 미리 알고 분석하며, 우호적인 반응을 이끌어낼 개인과 공동체의 고정관념들을 찾아내는 능력 그리고 청중의 언어로 말할 수 있으며, 그들의 호의적인 평판을 이끌어낼 수 있는 능력이 그의 주된 공헌이다.

  본능과 보편적인 욕망에 호소하는 것은 기초적인 방법이며,
그것을 통해 그는 자신의 성과를 만들어낸다.

제4부

도덕적인 관계

제1장

의사소통 매체들과 홍보고문의 관계

　이 책을 준비하고 출판하는 문제를 생각하고 있을 무렵, 출판사에서는 수백 명의 유명인사에게 편지를 보내 홍보를 다루는 책에 대중이 관심이 있을지에 대한 그들의 개인적인 의견을 물어보았다. 신문 편집자와 발행인, 대기업과 공익사업 회사들의 대표, 자선가, 대학 총장과 언론학교의 교장은 물론 여러 유명인들이 포함되어 있었다.

　그들의 답변은 거의 똑같이 미국인의 삶의 중요한 모든 측면에서 지도자들이 홍보를 점점 더 중요시하고 있음을 보여주는 것이어서 매우 흥미로웠다. 또한 그들의 답변에서 전문적인 문제들이 있는 분야에서 전문화된 서비스의 필요성을 점점 더 잘 이해하고 있다는 것을 알 수 있었다.

　특히 신문 발행인과 편집자들의 답변이 흥미로웠던 것은 사회, 경제적인 면에서 일반적으로 홍보고문의 가치를 폄하할 것으로 여겨지는 바로 그들의 생각을 더욱 잘 보여줄 수 있는 것이기 때문이었다.

자신의 메시지를 대중에게 전달하는데 활용할 수 있는 다양한 매체들과 홍보고문은 어떤 관계일까? 당연히 그런 매체들 중에는 가장 먼저 그리고 어쩌면 가장 중요한 언론이 있다. 그리고 영화, 강연, 광고, 광고용 우편물, 연극과 음악 무대가 있으며, 입소문, 설교단, 교실, 의회 등이 있다. 홍보고문은 이런 모든 매체들과 뚜렷한 관계를 맺고 있다.

오늘날의 언론인은 여전히 어느 정도는 이른바 '언론홍보 담당자'의 술책이라고 생각하고 있지만, 홍보고문이 그에게 제공할 수 있는 서비스의 가치는 인정하고 있다.

홍보고문은 신문에게 뉴스 조달자의 역할을 한다.

신문은 뉴스의 전파자로서 미국인의 삶에서 중요한 위치를 차지하고 있다. 언제나 그랬던 것은 아니었다. 뉴스 쪽을 강조하게 된 것은 최근의 일이다. 본래 신문이라는 명칭은 미국의 언론기관에게는 정확하거나 적절한 표현이 아니었다. 실제로, 이른바 신문은 편집자들의 의견을 전달하는 도구일 뿐이었다. 대부분 통신수단의 부족으로 지극히 국지적인 소식 외에는 구할 수가 없었기 때문에, 오늘날 이 단어가 이해되는 것과는 달리 뉴스는 조금

있거나 아예 없었다. 대중은 언론에서 단순히 나열된 사실보다 현재 관심 있는 일들에 대한 인기 있는 신문사 편집자의 견해를 읽는 것에 더 익숙해져 있었다.

반면에 오늘날에는 편집자의 견해는 단지 신문 기능의 보조적인 역할을 할 뿐이다. 또한 많은 사람들이 신문사의 편집 방침에 대해서는 전혀 동의하지 않으면서도 신문을 읽는다. 이런 상황은 호레이스 그릴리의 시대에는 거의 불가능했던 일이었다.

현재 미국의 언론은 뉴스에 대한 욕구를 충족시키는 것에 집중하고 있다. 기븐은 이렇게 말한다.

"신문은 읽을 만한 사설도 없고, 돈벌이 외의 아무런 목적이 없어도 성공할 수는 있지만, 뉴스를 모아 재미있고 매력적인 형식으로 꾸미지 않고는 성장할 수 없다."

저널리즘에 오랫동안 종사해온 윌 어윈은 이런 결론에 이르게 되었다.

"뉴스가 제일 중요하며, 미국의 신문사가 가장 신경 쓰고 있는 일이다. 뉴스는 현 세계의 지적 열망이면서 상업적 욕구이기도 하다. 대중의 심리에서 뉴스는 이제 육체적인 굶주림처럼 가장 긴급한 정신적인 욕구가 되었다. 긴 항해를 마친 화물선 승무원들은 수로 안내인이 배에 오르면 과거처럼 신선한 과일과 채소를 요청하기 전에 신문을 먼저 부탁한다. 미국인들이 서부로 달려

나가 광산 캠프를 세울 때마다, 신문 편집자는 당나귀 등에 타자기를 싣고 선교사와 함께 그곳으로 가 문명의 전도사가 되었다.

샌프란시스코에서 일어난 재난은 이런 점을 극적으로 보여준다. 1906년 4월 20일 아침, 도시의 주민들은 공원과 광장에 허겁지겁 모여들었다. 그들이 살던 집은 사라졌고, 식량과 식수 부족으로 죽게 될 것이라는 소문이 돌았고 그럴 가능성도 있었다. 3개의 조간신문 편집자들은 대단히 헌신적인 이 직업을 자극하는 진정한 군인정신을 드러내면서, 직원들을 오클랜드 교외로 이동시킨 다음, 그곳에서 〈트리뷴〉의 인쇄기로 연합신문인 〈콜-크로니클-이그재미너(Call–Chronicle–Examiner)〉를 발행했다.

새벽에 신문이 인쇄되면 편집자와 기자는 자동차에 신문을 싣고 혼란에 빠진 도시의 공원들을 가로지르며 신문을 전달했다. 엄청나게 많은 사람들이 몰려들어, 조금이라도 전진하려면 자동차를 최고속도로 몰고 가면서 신문을 내던져야만 했다. 빵이나 담요를 실은 마차도 뉴스가 도착할 때만큼의 소동을 일으키지는 않았다.

우리에겐 뉴스가 필요하며, 간절하게 뉴스를 원한다. 현 세계의 신경이 된 뉴스는 인류의 뇌에서 근육으로 생각과 충동을 전달한다. 인간이 사상체나 신경절 없이는 움직이지 못하는 것처럼 현대 사회라는 복잡한 유기체는 뉴스 없이는 더 이상 움직일 수 없다. 상업적이고 실용적인 면에서 소규모 사업자도 그의 사업에 영향을 끼치는 사회 구조 속에서 벌어지는 수많은 활동들에 대한 정보를 얻기 위해 매일 신문을 읽어야만 한다. 지적이며 영적인 면에서 뉴스는 — 교회만은 제외하고 — 고등 지성에 대한 주요한 관점이다. 입법기관과 대학, 연구실 그리고 설교단의 생각은 일반인에게 뉴스의 형태로 처음으로 그리고 대개는 마지막으로 전달된다. 공립학교에서 읽기를 가르치는 따분한 업무는 이제 신문을 소비하는 주요한 훈련이 되었다. 무작위한 뉴스 교육보다 학교나 대학의 공식 교육에 더 많이 의존하는 지적 장치를 발견하기 전에 우리는 더 높은 문화적 단계를 향해 나아가야 한다."

신문의 편집적인 측면이 더욱 중요해진 뉴스 칼럼에 어느 정도까지 자리를 내주게 되었는지는 어윈 씨가 소개한 〈필라델피아 노스 아메리칸〉에 대한 일화에서 생생하게 알 수 있다.

"이 신문은 지방선택권(주류 판매를 자치단체가 결정하는 권한)을 지지한다고 공표했다. 한 양조자위원회가 편집자를 기다렸다. 이 업종에서 가장 큰 집단들 중의 한 곳인 그들은 '이것이 최후통첩'이라고 했다. '당신의 편집정책을 바꾸지 않는다면, 우리의 광고를 잃게 될 것이오. 편하게 합시다. 편집 정책을 바꾸라고 요구하진 않겠지만, 지방선택권의 승리를 알리는 뉴스는 그만 내보내도록 하시오.' 그렇게 가장 약삭빠르고 악의에 찬 국가의 적들은 현대적인 형태로 '언론의 영향력'을 현실적으로 증명하고 있다."

필라델피아 양조업자의 경우, 만약 그들이 나에게 적절한 조언을 받았다면, 〈노스 어메리칸〉의 정책을 방해하는 대신, 지역 선택의 모든 실패 사례들을 〈노스 어메리칸〉에게 알리는 데 집중했을 것이다. 찬반 양측에 모두 뉴스거리가 있다면, 그 신문은 틀림없이 그 이야기들을 모두 보도했을 것이다.

언론에게는 진실하고 정확하며 입증 가능한 뉴스의 조달자로서 역할을 하기 때문에, 성실하고 성공적인 홍보고문은 언론인의 호감을 얻게 되는 것이다. 그리고 최근 워싱턴에서 열린 전국편집자협의회에서는 윤리강령을 채택하면서 홍보고문의 역할을 인정했다. 강연 연단에서 라디오에 이르기까지 정보를 전파하는 다른 매체들과 마찬가지로 언론 역시 홍보고문에게 그가 대표하는 주장들에 대한 정보를 기대하는 것이다.

뉴스는 신문의 중추이기 때문에 실제로 뉴스가 무엇인지를 이해하는 것은 홍보고문이 갖추어야 할 능력의 필수적인 부분이 되어야 한다는 것은 명확하다. 홍보고문은 뉴스를 공급할 뿐만이 아니라 뉴스를 만들어야 하기 때문이다. 뉴스 생산자로서의 역할은 그의 다른 역할들보다 훨씬 더 중요하다.

나로서는 뉴스에 대한 간결하고 포괄적인 정의가 한 번도 글로 작성된 적이 없다는 사실이 언제나 흥미로웠다. 모든 신문 종사자들은 본능적으로 어떤 것이 뉴스인지를 알고 있다. 특히 자신들의 신문에 필요한 것과 관련해서는 어떤 것이 뉴스인지를 잘 알고 있다. 하지만 뉴스를 정의한다는 것은 손으로 나사 모양을 만들어 보이지 않으면서 나선형 계단을 설명한다거나, 공간이나 시간, 현실과 같은 철학의 난해한 개념들을 정의하는 것만큼이나 어렵다.

어떤 신문에게는 뉴스이지만 다른 신문에게는 그것이 무엇이든 전혀 관심이 없거나 아주 조금만 관심이 있는 일일 수 있다. 뉴스를 정의하려는 언론인도 많고, 그만큼 뉴스에 대한 정의도 많다. 물론 뉴스의 특성들 중에서 쉽게 이해되는 것들도 있으며, 일반적으로 뉴스에 대한 정의는 이런 특성들 중의 한 두 가지를 특별히 강조한 것이다. 기븐은 이렇게 말한다.

"뉴스가 한때는 '최근에 발생한 어떤 일에 대한 새로운 정보'라고 정의되어 있었다."

이렇게 정의한 사람은 적시성을 주로 강조하고 있는 것이다.

대부분의 뉴스에 그런 요소가 반드시 있어야 한다는 것은 분명하다. 하지만 언제나 적시성이 있어야 한다고 말하는 것은 옳지 않으며, 제때에 일어난 모든 일이 뉴스라고 말하는 것도 옳지 않다. 온 세상의 일상생활에서 거의 무한하게 발생한 사건들이 각자의 환경과 관련해서는 적시성이 있는 것은 분명하다. 하지만 그것들이 모두 뉴스가 되지는 않는다.

어원은 '확립된 질서로부터 이탈하는 것'이 뉴스라고 정의한다. 그래서 어원에 따르자면, 범죄행위는 뉴스다. 확립된 질서로부터 이탈하는 것이기 때문이며, 동시에 예외적인 충성심, 용기 또는 정직함을 과시하는 것 또한 동일한 이유로 뉴스인 것이다.

그는 이렇게 말한다.

"확립된 질서 속의 교육에서 우리는 인류의 대부분이 그 질서의 규범들을 불완전하게 따른다는 지식을 얻는다. 어떤 일이 종교, 미덕 그리고 진실에 대한 예외적인 집착으로 관심을 끌게 된다면, 그 자체가 질서에서 벗어나는 것이므로 뉴스가 된다.

대부분의 종업원이 업무를 성실하게 처리하면서 그 직장에 오래 근무한다는 지식은 뉴스가 아니다. 하지만 어느 주부위원회가 50년 동안 한 직장에서 성실하게 일해 온 종업원에게 상을 수여한다면, 그것은 뉴스가 된다. 확립된 질서의 규범에 대해 이례적인 충성심을 보여주는 경우로서 우리의 관심을 집중시키기 때문이다.

인류가 범죄와 무질서에 대한 뉴스를 지나치게 많이 소비한다는 사실은 단지 보통사람들이 이 세상이 진실하고 건전하게 발전하고 있다고 믿으면서 낙관하고 있다는 것의 증거일 뿐이다. 범죄와 추문이 가장 큰 관심을 끄는 것은 정립된 질서라는 상황을 가장 어지럽히기 때문이다.

그렇다면 그것이 뉴스의 기초다. 훌륭한 기자들에게 필요한 신비한 뉴스 감각은 이 원칙에 대한 후천적이거나 본능적인 인식과 더불어 대다수의 사람들이 정립된 질서에서 이탈한 것이라고 생각하게 되리라는 느낌에 기초를 둘 수밖에 없다. 제시 린치 윌리엄의 신문극 '도둑 맞은 이야기'에는 이런 구절이 등장한다.

(젊은 기자의 등장 : 흥분한 기색으로 사회부로 들어선다.)

젊은 기자(매우 들떠 있다) : 엄청난 소식입니다. 세 명의 이탈리아인이 보일러 폭발로 사망했습니다.

사회부 편집자(기사를 읽으며 고개를 들지 않는다) : "열 줄로."(계속 기사를 읽는다.)

젊은 기자(놀라고 불쾌한 표정이다. 기자석으로 건너갔다가, 잠시 후 사회부로 돌아온다. 평상적인 대화투로) : 그런데, 재미있는 일이 있습니다. 폭발 현장에서 50피트 내에 유모차가 있었지만 뒤집어지지 않았습니다.

사회부 편집자(직업적인 관심을 보이며 바라본다) :그건 이탈리아인 열두 명이 죽은 것만큼 가치 있는 이야기로군. 반 단짜리 기사로 작성해봐.

(젊은 기자는 한층 더 놀라고, 당혹스러워 한다. 갑자기 어떤 생각이 떠오른 그는 기자석으로 건너가, 자리를 잡고 기사를 쓴다.)

두 사람 다 뉴스를 보았지만 편집자는 기자보다 한걸음 더 나아간다. 보일러 폭발로 이탈리아인들이 사망한 사건은 흔해빠질 정도로 평범한 일이다. 하지만 건강한 남성은 전멸시키고 아기는 해치지 않는 폭발적인 화학작용의 기묘함은 전혀 평범하지 않은 것이다."

여기에서 다시 어윈은 단순히 우리가 뉴스라 부르는 것에서 일반적으로 발견하는 특징들 중의 한 가지를 강조했을 뿐 뉴스에 대한 완벽하거나 전문적인 정의는 제공하지 못한다는 것이 명백히 드러난다.

뉴스는 확립된 질서에서 이탈한 것이라는 자신의 일반적인 원칙 내에서 분석을 진전시키면서 어윈은 뉴스 가치를 높이거나 만들어내는 눈에 띄는 몇 가지 요소들을 지적했다. 모두가 타당한 것들이기 때문에 여기에 인용한다. 반면에 그 중 일부는 확립된 질서에서 벗어난 것이 뉴스라는 그의 주된 원칙에 직접적으로 모순된다. 어윈이 생각하는 뉴스 가치를 높이거나 만들어내는 눈에 띄는 네 가지 요소는 다음과 같다.

1. '우리는 좋아하는 것들에 대해 읽는 것을 더 좋아한다.' 그 결과 '남성은 힘, 여성은 애정'이라는 법칙으로 나타난다고 한다.
2. 뉴스에 대한 우리의 관심은 주제와 배경 그리고 주요 관계자에 대한 친숙함과 정비례하여 늘어난다.
3. 뉴스에 대한 우리의 관심은 개인적인 관심사에 끼치는 영향과 정비례한다.
4. '뉴스에 대한 우리의 관심은 뉴스가 영향을 끼치는 개인이나 활동의 일반적인 중요성과 정비례해 늘어난다.' 이것은 굳이 언급할 필요가 없을 정도로 분명하다.

대도시 일간지가 지속적으로 또는 밀접하게 뉴스의 출처로 주목하고 있는 지점들을 연구하면 한 도시에서 발생하는 뉴스의 다양성에 대해 어느 정도 파악할 수 있다.

기븐은 지속적으로 주목받고 있는 뉴욕의 여러 장소에 대한 목록을 작성했다.

경찰본부, 즉결재판소, 검시관실, 뉴욕주 대법원, 뉴욕 증권거래소, 시청, 시장 집무실, 시의회 의원실, 시청직원 사무실, 그리고 맨해튼 자치구 의장 사

무실, 주 사무관 사무실 등

기븐은 신문사들이 세심하게 지켜보지만 지속적으로 주목하지 않은 곳들은 다음과 같다고 한다.

시 법정(중요하지 않은 민사사건), 일반 회기의 법정(형사사건), 특수회기의 법정(중요하지 않는 형사사건), 지방검찰청, 대배심이 열릴 때 대배심 회의실의 문(고발과 기소), 연방법원, 우체국, 미국 경찰국장 사무실, 미국 재무부 비밀감찰국 사무실, 미국 연방보안청, 미국 지방검찰청, 입항하고 출항하는 선박들이 신고되는 선박뉴스, 이민자들이 도착하는 바지선 사무소, 유언장을 제출하고 소송에서 유언장과 관련된 증언을 듣는 유산처리 판사 사무실, 선거 기간 동안 정당 본부

마지막으로, 다음과 같은 장소는 기자들이 매일 수차례 또는 한번쯤은 방문하는 곳이다.

경찰서, 자치도시 법정, 위생국 본부, 소방청 본부, 공원부 본부, 건축부 본부, 맨해튼 구급단지, 지방 형무소, 미 재무부 산하 부서, 항만 관세청, 미국 감정원, 공공병원, 주요 호텔, 시체보관소, 지역보안관 사무실, 시 감사원 사무실, 시 재무부 사무실, 세관원과 과세평가인 사무소

기븐이 자신의 책에서 예로 든 증권중개사인 존 스미스에 대한 이야기는 내가 말하려는 요점을 적절하게 설명해준다.

"10년 동안 그는 자신의 방침대로 공평하게 일했으며, 고객과 친구들 외에는 아무도 그에게 관심을 갖지 않았다. 신문사에게 그는 마치 그곳에 없는 사람이나 마찬가지였다.

하지만 11년째 되는 해에 엄청난 손실을 입고 마침내 모든 자산을 잃게 된 그는 변호사를 불러 파산절차를 준비한다. 변호사는 카운티 서기관의 사무실로 우편물을 보내고 서기관은 사건등록서에 필요한 항목들을 기입한다. 여기에서 신문이 등장한다. 서기관이 스미스의 파산기록을 작성하고 있는 동안 기자 한 명이 어깨 너머로 그것을 훔쳐보고, 몇 분 후에는 신문사들이 스미스의 곤경을 알게 된다. 그들은 마치 지난 10년 동안 매일 그의 사무실 문 앞에 기자들을 배치해 놓았던 것처럼 그의 사업 상태에 대해 잘 알게 된다. 스미스가 단순히 자신의 파산절차를 밟는 대신 갑자기 사망했다면, 그의 이름은 카운티 서기관 대신 검시관 사무실을 통해 신문에 도착했을 것이다. 실제로 스미스는 모르고 있겠지만, 그가 어떤 일을 했든 상관없이 신문들은 기사를 준비하고 있었을 것이다. 심지어 시체보관소에 사람을 보내 그를 기다리도록 했을 것이다. 스미스는 오직 도덕적으로 바른 생활을 하며 침묵을 지킬 때만 안전했던 것이다."

어떤 사건이 뉴스로 취급되기 위해선 그 이전에 공공연한 행위가 필요한 경우가 많다.

리프먼은 상황의 이런 측면을 언급하면서, 증권거래인 존 스미스와 그의 가상적인 파산에 대한 사례로 이 논의를 이어간다.

"그 공공연한 행위가 스미스에 대한 뉴스의 진면목을 드러낸다. 그 뉴스가 계속 이어질 것인지 아닌지는 또 다른 문제이다. 요점은 일련의 사건들이 뉴스가 되기 전에 대개는 다소간의 공공연한 행위로 그것들 스스로가 이목을 끌어야 한다는 것이다. 게다가 일반적으로는 노골적인 공공연한 행위가 있어야 한다. 스미스의 친구들은 수년 동안 그가 위험을 겪고 있었다는 것을 알고 있었을 수도 있으며, 만약 스미스의 친구들이 수다스러웠다면 금융담당 편집자에게 소문이 전해졌을 수도 있었을 것이다.

하지만 사실과는 상관없이 이것은 명예훼손이기 때문에 기사화할 수 없었을 것이다. 이런 소문에는 기사로 작성할 정도로 명확한 것이 전혀 없다. 의심의 여지가 없는 명확한 형태의 어떤 일이 발생해야만 한다. 파산에 돌입하는 행위일 수도 있고, 화재일 수도 있으며, 대립, 폭행, 폭동, 체포, 고발, 법안의 제출, 연설, 투표, 모임, 유명인사의 의견, 신문의 사설, 매각, 임금조사표,

가격 변동, 교량 건설 제안 등 명시적인 것이 있어야만 한다. 사건의 추이는 한정할 수 있는 일정한 형태로 나타내야 하며, 그것의 일부 측면이 완결된 사실의 단계로 들어설 때까지 뉴스는 잠재적인 진실의 바다에서 벗어나지 않는다."

경험이 풍부한 언론인의 관점에서 어윈은 이런 관찰 결과를 어느 하루의 뉴스를 만드는데 적용했다. 그는 이렇게 말한다.

"국민에 의한 정부가 민주주의의 본질이라고 말할 때, 나는 평범한 말을 하는 것이다. 이론상으로 국민은 보고 있으며 알고 있다. 즉, 사회와 산업의 진화과정에서 새로운 악폐가 나타난다는 것을 보게 되었을 때, 그들은 그것을 규제할 기관이나 억제할 법을 만들어낸다.

하지만 빛이 없다면 볼 수 없으며, 스승이 없다면 알 수 없다. 신문이나 그와 비슷한 세력들은 느리게 흔들리며 발전하는 민주주의를 인식하고 바로잡을 수 있도록 충격적이며 불쾌한 일들을 매일 그들에게 알려주어야 한다. 술에 취해 인사불성이 된 존 스미스가 집으로 가 자신의 아내를 살해했다는 사실을 아는 것은 우리에게 좋은 일이다. 깜짝 놀라 충격을 받겠지만 관심을 갖게 된 우리는 존 스미스의 사건을 지켜보면서 부패한 정치세력과 연루된 그의 사건에서 정의 실현이 지연되지 않았다는 것을 알게 된다. 어쩌면 존 스미스와 같은 사례들을 충분히 알고 있다면, 우리는 가장 중요한 원인을 조사하고 그를 순간적으로 미치게 만들었던 선술집이나, 그를 지속적인 자금부족과 신경과민에 빠지도록 만들었던 산업적인 압박을 제한했을 것이다. 은행원인 존 존스가 수표를 위조해 수감된 사실을 아는 것은 좋은 일이다. 그의 사건에서 정의를 목격한다는 것뿐만이 아니라 언젠가는 그를 범죄로 끌어들인 사기경마 도박을 주시하게 될 것이기 때문이다. 만약 우리가 매일 뉴욕의 동부지역과 시카고의 리비 구역의 고통스러운 삶에서 비롯된 범죄들에 대한 기사를 읽게 된다면, 언젠가 민주주의는 과도한 노동, 영양부족, 밀집주택의 근원적인 원인들을 이해하게 될 것이다.

도덕성을 보여주는 사례보다 대중에게 더 강하게 영향력을 끼치는 방법은 없다. 어떤 경우이든 열악한 상황에 대한 평범한 설명은 일반인들에게 영향을 주지 못한다. 슈리브포트 시 당국을 향해 매일 싸구려 무허가술집들 때문에 위험한 흑인들이 늘어난다고 외친다 해도 술집에 반대하는 분위기를 만들어내지는 못했다. 하지만 어떤 흑인이 그런 싸구려술집에서 구입한 질 나쁜 술에 취해 여학생인 마가렛 리어를 강간하고 살해했을 때, 슈리브포트 시는 그 술집을 폐쇄하기로 결정했다."

엄청나게 많은 활동들을 모두 기록해둘 장치는 전혀 없다. 이러한 활동들이 중요한 문제일 때 어떻게 기록으로 남길 것인지가 언론의 주요한 문제이다.

이 분야에서 홍보고문은 대단히 중요한 역할을 수행한다. 그의 역할은 언론을 비롯한 모든 매체를 통해 그가 대표하는 견해와 운동 또는 문제에 대중의 관심을 집중시키는 것이다. 리프먼은 바로 이런 이유 때문에 그가 '언론홍보 담당자'라 부르는 사람들의 역할이 현대생활에서 중요한 요소가 되었다고 밝힌다.

이런 점에 대한 리프먼의 견해는 주목할 만하다.

"이것이 언론홍보 담당자가 있어야 할 근거가 되는 이유이다. 어떤 사실과 생각을 보도할 것인가에 관한 엄청난 결정권을 기자에게 맡겨둘 수는 없다는 것을 모든 조직화된 집단이 점점 더 확신하게 되었다. 집단과 신문 사이에 개입할 언론홍보 담당자를 고용하는 것이 더 안전한 것이다."

의뢰인뿐만 아니라 언론과의 관계에서 홍보고문의 진정한 역할은 이런 생각을 훨씬 뛰어넘는다. 그는 단순히 뉴스를 조달하는 사람이 아니라, 보다 논리적으로는 뉴스를 '만들어내는' 사람이다.

아마추어는 일반적인 신문사에 훌륭한 이야기를 가져와 판단을 받아볼 수는 있지만, 자신이 접근하는 특정한 신문사가 흥미를 갖도록 할 이야기의 요소는 물론이고 뉴스 가치가 있는 특징들을 정확하게 알지 못할 가능성이 크다.

뉴욕의 호텔 경영자들은 자신들의 시설에서는 금주법을 실시했지만 일부 식당들이 아무 제재 없이 법을 어기고 있다는 것을 확인했다. 이런 불공정한 상황을 인식한 그들은 지역의 법 집행 기관의 책임자들을 찾아가고, 대통령에게 법집행을 직접 호소하는 것으로 확실한 뉴스 이벤트를 만들어냈다. 이것은 당연히 제일 중요한 뉴스가 되었다.

관세가 여성복에 미치는 영향을 생생하게 보여주었던 유명 여성들의 판매점 개장식은 이 문제에 대한 관심을 높이기 위해 기획된 행사였다.

전투함의 진수식, 건물의 정초식, 기념품 수여식, 시연회, 파티와 연회 등은 모두 대중에게 접근하는 다양한 매체들의 실행 능력을 고려해 기획된 행사들이다.

현대 신문의 부서들은 언론의 관점에서 모든 주제에 매우 다양하게 접근할 수 있다는 것을 보여준다. 이것이 인간 심리학의 관점에서 모든 주제에 대한 접근 방식과 상관관계가 있는 것이라면, 우리는 홍보고문이 이벤트를 구성하는데 활용할 수 있는 방법이 다양하다는 것을 확인할 수 있다.

예를 들어, 대도시 언론사에는 뉴스부, 편집부, 독자투고부,

여성부, 사회부, 시사보도부, 스포츠부, 부동산부, 사업부, 금융부, 선박부, 투자부, 교육부, 사진부가 있으며, 언론사마다 다양한 외부필진과 지면이 있다.

뉴욕대학의 광고와 마케팅학과 학과장인 조지 버튼 호치키스 교수와 광고학 강사인 리차드 B. 프랑켄이 편찬한 〈뉴욕의 기업 경영진과 전문직 남성들의 신문 읽기 습관〉에 관한 유용한 연구에는 설문지를 보낸 집단과 주요 집단 내의 다양한 소규모 집단이 전체적으로 선호하는 아침과 저녁 신문의 특집기사를 나열한 일람표들이 있다.

홍보고문은 뉴스 가치를 알고 있을 뿐만 아니라, 그것을 알고 있으므로 '뉴스를 실현시키는' 위치에 있다. 그는 이벤트를 만들어내는 사람이다.

한 단체가 건축기금 모집을 위한 연회를 개최하면서 커다란 벽돌로 초대장을 만들어 보냈다. 이 이야기에서 뉴스가 되는 요소는 벽돌을 보냈다는 사실이었다.

언론을 비롯한 생각을 전파하는 모든 매체들에게 뉴스 조달자이며 생산자로서 역할을 하는 홍보고문은 자신과 함께 일하는 사람들이 제시하는 최고의 도덕성과 기술적인 요구사항을 따르지 않는다면 성공할 수 없다는 사실을 명확하게 알고 있어야 한다.

홍보고문이라는 직업에 대한 글에서 〈뉴욕 타임스〉의 기자는 이렇게 말한다.

"신문 편집자는 가장 의심이 많고 냉소적인 사람들이지만, 거짓을 간파하는 것은 물론 진실도 재빠르게 식별한다." 그는 스위프트라는 가명의 특정한 홍보고문에 대한 이야기를 이어가면서, "도덕성에 관한 자신들의 입장과는 상관없이 스위프트의 회사는 적어도 가짜 상품은 취급하지 않을 것이다. 그들은 그런 실수가 치명적이라는 것을 알고 있다. 대중은 잊어버릴 수도 있지만 편집자는 절대 잊지 않는다. 더 나아가 그들은 잊어서는 안 된다."

홍보고문이 언론을 비롯한 여러 매체들에 제공하는 내용은 진실하고 정확한 것이어야 한다. 더 나아가 모든 뉴스에 필요한 적시성과 관심이라는 요소가 있어야만 한다. 전반적으로 이런 요소들이 있어야 할 뿐만 아니라 개별적인 특정 신문의 특정한 필요에 적합해야만 하며, 발표되기를 기대하는 부서의 특정 편집자의 요구에도 부합해야만 한다.

마지막으로 그 내용의 문학적인 품질도 저널리즘에서 요구하는 최상의 기준에 도달해 있어야 한다. 각 신문사가 잘 작성된 기사라고 생각하는 특정한 감각에 맞춰 글솜씨도 좋아야만 한다.

요약하자면, 그 내용은 마치 편집자가 직접 특별한 기자를 지정하여 그 사실을 취재하고 작성한 것처럼 세심하게 준비되고,

정확하게 검증되어 편집 데스크에 도착해야 한다.

신문의 경우, 홍보고문은 그런 형식과 태도로 뉴스를 제시해야만 편집자의 믿음과 신뢰라는 자신의 소중한 자산을 유지하게 된다. 하지만 오직 특정한 경우에 한해서만 홍보고문이 뉴스와 언론의 매개체라는 것을 명심하고 있어야 한다. 그가 조언했던 행사와 기획한 활동은 대중에게 도달하는 매체가 갖고 있는 표현 수위를 따르게 된다.

라디오 방송국은 대중에게 접근할 통로를 제공한다. 그들은 사기업과 전력 공급 대기업, 백화점, 신문사, 전신회사가 운영하며 정부가 운영하는 경우도 있다. 그들의 프로그램은 그들의 활동 구역 내에서 정보와 오락을 방송한다. 이러한 프로그램들은 지역에 따라 다양하다.

홍보고문에게는 라디오 프로그램이 제공하는 전달 수단을 폭넓게 활용할 기회가 있다. 당파적인 문제에서 라디오의 관리자는 프로파간다의 부담을 덜기 위해 양측의 견해를 모두 제시할 것을 요구한다. 그래서 홍보고문은 방송책임자에게 자신이 관계하고 있는 주제를 다룰 토론회의 개최를 제안하는 위치에 있게 된다. 또한 당파적인 성격이 없는 정보의 경우, 사회적 지위와 평판이 있는 개인이 연설하는 형태로 자신의 논제를 구체화하고 주제를 확실하게 다루도록 할 수 있는 위치에 있게 된다.

홍보고문이 공들여 기획한 대규모 대중집회와 같은 이벤트의 경우, 신문에서 뉴스를 취급하는 것처럼 오늘날에는 라디오가 방송하는 것이 자연스러운 형태가 되었다. 수많은 사람들에게 연설을 방송하는 것은 그 행사 자체의 자연스러운 결과물이 되었다. 뉴욕의 연회장에서 로버트 세실 경의 국제연맹에 관한 연설을 방송했던 것이 바로 이런 경우이다.

예를 들어, 현재 많은 잡지들은 가장 관심 있는 특정한 주제에 관한 연설을 제공하기 위해 라디오 방송을 이용한다. 살림을 다루는 잡지들은 라디오 방송국에 여성들의 활동에 관한 여러 가지 일들에 관한 정보를 제공한다. 패션 잡지들도 그들의 분야에 관한 정보를 제공한다. 그렇게 해서 그들은 청취자들의 마음속에 자신들의 명성과 권위를 확장시킨다.

전시에 무선전신의 활용은 전쟁의 목적과 성과에 관련된 정보를 적국에 방송하는 중요한 요소였다. 연합군은 무선전신을 효과적으로 활용했으며, 소비에트 정부도 보도기관의 발표를 알리는 데 활용했다. 이런 전달 형식은 앞에서 언급했던 라디오와는 약간 다르다. 많은 청취자들을 상대로 하는 것이 아니라 그 내용을 널리 퍼뜨릴 신문을 비롯한 여러 매체들에게 알리는데 그 효과를 의존하기 때문이다. 당연하게 무선전신은 홍보고문에게 소중한 자산이었으며 지금도 마찬가지다.

강연 연단 역시 생각을 전달하는 훌륭하게 확립된 또 다른 수 단이다. 강연 연단만을 고려한다면 말은 일정한 범위에서 그 효력이 사라진다. 강연 연단의 호소력은 그 메시지를 실제로 들었던 사람들의 수에 한정된다. 인쇄되거나 영화와 라디오를 통해 더욱 많은 사람들에게 전달되는 것은 가능하다. 인간의 미약한 목소리와 집회 장소의 물리적인 특성이 이런 한계를 초래한다.

하지만 강연 연단이 여전히 홍보고문에게 중요한 것은 그들 자체가 뉴스 가치가 있는 청중 집단 앞에서 말할 기회를 제공하기 때문이다. 또한 실제로 강연을 들었던 사람들보다 더 많은 청중들의 관심과 행동을 강화시켜줄 극적인 이벤트를 무대에 올릴 기회를 제공하기 때문이다.

정보나 생각의 전파를 위해 홍보고문이 활용 가능한 강연 분야는 다음의 몇 가지로 분류할 수 있다. 첫째로는 전국에 있는 다양한 청중 집단에게 강연자를 예약해줄 대리인의 역할을 하는 강연 매니저와 강연사무소가 있다. 예를 들어, 홍보고문은 의뢰인에게 특정한 목적에 대한 관심 때문에 기꺼이 순회강연을 해줄 유명인사의 확보를 제안할 수 있다. 출판사가 유명저자를 대신해 마련하는 순회강연과 마찬가지로 국제연맹과 같은 문제를 지지하는 중요한 인사들의 순회강연은 이런 부류에 속한다.

다음으로는 강연 내용을 후원하는데 관심을 가질 수 있는 지역 집단과 계약을 통해 의뢰인이 직접 관리하고 준비하는 순회강연이 있다. 비누회사는 주요 지역에 있는 학교에서 청결에 대해 이야기할 강사와 계약할 수 있다. 모직회사는 가정경제 권위자에게 여성클럽에서 의상에 대한 강연을 하도록 준비할 수 있다.

당연히 이런 강연들은 신문에 발표되고 전단을 통해 광고가 되는 등 다른 매체들에서 다룰 기회를 제공하기 때문에 어느 한 모임에서 연설한 강연자보다 지역적으로 더 많은 청중들에게 다가설 수 있다.

강연 분야는 홍보고문에게는 또 다른 의사소통 수단이 된다. 그가 널리 퍼뜨리려는 사실과 생각을 전달할 수 있는 다양한 집단의 지도자들을 제공해주기 때문이다. 전국의 도시에 있는 교육위원회의 강연자들, 학교를 비롯한 다양한 교육기관의 강연자들 그리고 다양한 청중들에게 연설하는 이런저런 종류의 강연자들에게 직접 연락할 수 있으며, 이들은 홍보고문이 퍼뜨리고자 하는 정보의 전달자가 될 수 있다.

유명한 연사가 특정한 문제나 현재 쟁점이 되고 있는 문제에 대한 자신의 견해를 밝히는 모임이나 공개설명회도 당연히 이와 동일한 분류에 속한다. 물론 주된 목표는 연설을 듣고 있는 청중들이 아니다. 오히려 그 자리에는 없지만 연사의 이야기를 다른 매체들을 통해 듣게 될 수많은 사람들의 관심에 초점을 맞추고 있는 것이다.

광고는 홍보고문이 자유롭게 활용하는 매체다. 여기에서 사용된 광고라는 용어의 의미는 메시지를 전달하기 위해 이용할 수 있는 모든 유료공간에 적용된다. 신문 광고에서 광고판까지 그 형식은 무척 다양해서 고유한 표현양식과 독자적인 원칙 및 관례를 발전시켜왔다.

자신의 목적과 잠재적인 대중이 접근할 수 있는 매체들을 고려할 때 홍보고문은 언제나 광고 공간을 자신의 가장 중요한 보조수단으로 생각한다. 현명한 홍보고문이라면 주어진 문제에서 사용될 광고의 구체적인 유형을 결정할 때 오랫동안 이 분야를 연구해온 광고대행사와 함께 협의한다. 그 후에 홍보고문과 광고대행사는 각자의 전문성을 발휘하여 그 문제를 해결한다.

지금까지 광고는 특정 상품의 수요 및 시장 창출을 가장 우선적으로 강조해왔다. 광고는 생각의 전파에도 효과적이므로, 다른 접근 방법들과 결합하여 사용할 때 훨씬 더 큰 효과를 나타낸다.

광고는 대중의 눈앞에 노출될 물리적 공간의 총량을 조절한다. 광고의 공간적인 특성은 자유자재로 확장하고 축소할 수 있는 유연성을 제공한다. 어떤 면에서, 이런 특성은 특정한 지도자가 자신의 청중을 선택하여 메시지를 직접 전달할 수 있도록 해주기도 한다.

동일한 사업이나 직업의 광고주 연합이나 정부나 정부 부처들에 의한 공동광고 분야의 미래는 여러 가지 이유에서 가능성이 열려 있다.

연극무대는 도달하게 될 사람의 수와 더불어 입소문과 그 밖의 수단으로 만들어낼 영향력의 범위를 모두 고려해야 하는 대중 접근 통로를 제공한다. 그래서 홍보고문에게는 폭넓게 활용할 수 있는 분야가 된다.

극작가나 감독과 협력하여 무대 위에서 생각들을 널리 퍼뜨릴 수 있다. 무대 위에서 펼쳐지는 연기로 다시 표현할 수 있다면, 생각들을 시각적으로나 청각적으로 강조하여 제시할 수 있다.

영화는 홍보고문의 목적에 따라 두 가지 분야로 분류된다. 먼저 극영화 분야가 있다. 여기에서는 홍보고문이 전달하려는 생각이 다른 생각 전달기관을 통해 간접적으로 영화 제작자에게 전달되어 채택된다. 홍보고문이 대중의 관심을 불러일으켰던 어떤 생각을 제작자가 영화의 주제로 채택하게 되는 것이다. 예를 들어, 마약 거래를 다루는 영화는 마약의 폐해에서 벗어나는데 도움을 주기 위해 홍보고문이 지속적으로 펼쳐온 노력의 직접적인 결과로서 나타나는 것이다.

두 번째 분야는 홍보고문이 보다 더 직접적으로 활용할 수 있다. 오늘날의 교육영화는 어떤 제품이 만들어지는 과정을 보여주는 것에서부터 대도시에서 지하철 증편의 필요성을 보여주는 것까지 일반 대중에게 특정한 문제를 설명하려는 용도로 제작된다. 이런 영화들은 일반적으로 홍보고문이 주선한 특별한 집단이거나 특정한 영화가 지지하는 생각에 관심이 있는 다른 그룹을 대상으로 상영된다. 그래서 상공회의소는 개선된 항만시설의 필요성과 관련이 있는 영화를 지원하게 된다.

이런 종류에 속하는 한 가지 형태로 사적인 기관이 관리하는 뉴스 영화가 있다. 홍보고문이 기획한 이벤트와 행사를 담고 있는 영화이지만 경쟁적인 이벤트 시장에서 유용하기 때문에 여전히 제작되고 있다.

입소문은 충분히 고려해야 할 중요한 매체이다. 생각과 사실들은 입소문에 의해 널리 유통될 수 있다. 여기에서 집단의 지도자들은 생각을 널리 퍼뜨리는 강력한 요소가 된다. 그래서 홍보고문은 널리 퍼뜨리고자 하는 생각을 집단의 지도자들에게 전달해 지지를 얻으려 시도한다.

  광고 우편물과 인쇄물은 홍보고문이 대상으로 삼는 개인들에게 접근할 통로를 제공한다. 대기업은 수많은 기준에 따라 정리한 목록을 그런 목적을 위해 활용할 수 있다. 지리적인 구분, 직업적인 구분, 사업적인 구분 그리고 종교적인 구분이 있다. 경제적인 위치에 따른 분류와 모든 선호 방식에 따른 분류도 있다.

  앞에서 밝혔듯이, 대중을 정확한 집단으로 분류하는 것은 홍보고문의 가장 중요한 역할들 중의 한 가지이다. 광고 우편물을 이용한 접근 방법은 이러한 방침들에 따라 그의 직업적인 훈련과 경험을 활용할 폭넓은 기회를 제공한다. 전신과 무선 통신도 당연히 이 범주에 포함된다.

제2장

특별한 주선자로서 대중에 대한 책임

　중요한 두 가지 어려움을 극복하고 난 후에야 대중에게 인정받고 확고하게 정립되는 것이 새로운 직업의 역사이다. 직업은 모두 한때는 새로운 직업이었다. 첫 번째 어려움은 이상하게도 여론 자체에 있었다. 즉, 제아무리 사소한 것일지라도 대중은 어느 한 집단의 도움에 의존하는 것을 받아들이지 않으려 한다. 오늘날까지도 의학은 여전히 이러한 심리적인 저항과 싸우고 있으며 법도 마찬가지이다. 하지만 이제는 직업으로 확립되어 있다.

　두 번째 어려움은 어떤 새로운 직업이든 공평하다고 여겨지는 다른 사람들의 노력과 활동이 아니라 자신만의 힘으로 확립되어야 한다는 것이다.

　이런 어려움들은 무언가를 주장해야 하는 직업에서 특히 강하게 나타난다. 어떤 한 가지 견해에 대한 당파적인 주장에 관계되어 있기 때문이다. 법조계는 아마도 이런 사실의 가장 익숙한 예일 것이며, 이런 면에서 보자면 적어도 변호사와 홍보고문이라는 새로운 직업 사이에는 뚜렷한 유사점이 있을 것이다.

　전문적인 훈련, 성과를 이끌어내야만 하는 배경상황에 대한 대단히 민감한 이해력, 문제의 구성요소들을 나누어 분석할 수 있는 예리하게 계발된 능력을 바탕으로 이 직업들은 본질적으로 동일한 서비스를 대중에게 제공한다. 이 두 가지 직업 모두 지속적으로 군중의 적대감을 일으킬 위험이 있다. 사회를 구성하고 있는 많은 집단들 내의 이런저런 집단이 갖고 있는 고정된 견해에 빈번히 솔직하게 맞서고 공개적인 반대를 해야 하기 때문이다. 실제로 홍보고문이 담당하는 업무의 이런 면이 그의 직업에 대한 엄청난 대중적인 비난의 근거가 된다.

　자신의 책 속에서 여러 번에 걸쳐 프로파간다를 격렬하게 비난했던 마틴도 어느 한 가지 견해의 지지자들이 타락이거나 부도덕한 동기들을 모두 다른 견해의 신봉자들의 탓으로 돌리도록 만드는 근본적인 심리적인 요소들을 확인하고 인정한다.

　"군중에 속한 사람들은 자신들의 가설이 위협받을 때 오직 반론으로만 정신적 파산으로부터 스스로를 보호하고 방어선을 유지하며 자기 편 군중이 흩어지지 않도록 지킬 수 있다. 그 군중의 가설에 도전하는 사람이라면 누구든 무시해야 한다. 발언을 하도록 허용해서는 안 된다. 반대되는 가치에 대한 증인이라면 그의 증언은 믿어서는 안 된다. 불온한 증인을 하찮게 만들어버리는 것으로 그 증거의 가치를 의심하도록 해야 한다. '그는 나쁜 놈이다. 군중은 그의 말을 들어서는 안 된다.' 그의 동기는 사악한 것이어야만 하며, '그는 매수당했다. 그는 부도덕한 사람이다. 그는 거짓말을 한다. 그는 위선적이거나 '명확한 입장을 밝힐 용기가 없다.' 또는 '그가 말하는 것에는 새로운 것이 전혀 없다.'

입센의 작품 〈민중의 적〉은 이런 점을 매우 생생하게 보여준다. "군중은 스토크먼 박사가 진짜 핵심적인 문제인 온천에 대해선 말하지 않아야 한다고 투표한다. 실제로 시장은 자리에서 일어나 수질이 나쁘다는 박사의 진술은 '신뢰할 수 없고 과장된 것'이라고 공식적으로 발표한다. 그 후에 세대주연합의 대표는 박사가 비밀스럽게 '혁명을 노리는 것'이라고 비난하는 연설을 한다. 마침내 스토크먼 박사가 동료 시민들에게 그들의 행위가 지닌 의미와 '결집한 다수'에 관한 평범한 진실에 대해 발언할 때, 군중은 박사의 거짓을 입증하는 대신 고함을 질러 침묵하게 만들고 그를 '민중의 적'이라 결의하고 창문에 돌을 집어던지는 것으로 자신들의 체면을 지키려 한다."

홍보고문이 진행하는 특정한 업무를 분석한다면, 이 직업을 대중적으로 인정받기 어렵게 만드는 군중심리의 작용을 확인하게 된다. 예를 들어, 관세와 관련된 상황을 다시 생각해보자.

논쟁하는 양측 모두가 상대방에 대해 전혀 편견이 없는 견해를 갖는 것은 불가능하다. 수입업자는 제조업자가 비합리적이라면서, 그의 이기적인 동기를 탓한다. 그의 입장에서는 자신이 주장하는 상황으로 정리되는 것이 사회 복지, 국가 안전, 미국주의, 낮은 소비자 가격 등 그가 찾아낼 수 있는 모든 원칙들과 일치한다고 연결시킨다. 사실 때문이든 기사작성의 방식 때문이든 반대되는 입장을 보이는 것 같은 모든 신문 기사는 그 즉시 거짓이고, 한심스러우며, 분별없는 내용으로 낙인찍히고 만다. 수입업자는 그렇게 결론을 내린다. 제조업자의 이익에서 비롯된 교활한 음모로 만들어진 기사라는 결론을 내리는 것이다.

하지만 제조업자는 과연 이보다 더 합리적일까? 신문들이 그의 이익에 불리한 기사를 내보낸다면, 신문은 '매수되고' '영향받은' 것이 된다. 그들은 '같은 패거리'이며 그밖의 불합리한 모든 것이 된다. 제조업자는 수입업자와 마찬가지로 자기 편의 투쟁을 최저 생활 임금, 소비자 가격 인하, 미국적인 기준의 고용, 공정한 거래, 정의 등 그가 생각해낼 수 있는 근본적인 기준들과 동일시한다. 서로가 상대편의 주장은 받아들일 수 없는 것이다.

이제 이 상황을 홍보고문이 어느 한편의 입장을 대신하고 있는 단계까지 한 걸음 더 나아가 보자. 양측과 그들의 지지자들이 상대편의 입증할 수 있는 사실들과 수치들을 그 무시무시한 '프로파간다'라는 이름으로 얼마나 진지하게 부르는지를 살펴보자.

수입업자들이 임금이 인상되고 소비자 가격이 하락할 수 있다는 것을 보여주는 수치들을 제시한다면, 그 지지자들은 이처럼 중요한 내용을 대중에게 알리는 작업이 이루어져야만 하며, 신문들이 그것을 기사화할 정도로 공정하다는 것에 만족스러워 할 것이다. 반면에 제조업자들은 그런 내용을 '프로파간다'라 부를 것이며 그런 수치들을 발표한 신문이나 그 내용을 수집한 경제학자 또는 그 내용을 잘 정리하도록 조언한 홍보고문을 모두 비난할 것이다.

실제로 '프로파간다'와 '교육' 사이의 유일한 차이점은 관점에 있다. 우리가 믿는 것을 옹호하는 것은 교육이다. 우리가 믿지 않는 것을 옹호하는 것은 프로파간다이다. 이 명사들은 각각 사회적이며 도덕적인 관계를 수반하고 있다. 교육은 가치 있고, 권장할 만하며, 계몽적이며, 도움이 된다. 프로파간다는 사악하고, 부정직하고, 비열하며, 현혹시킨다. 다음의 사설에서 알 수 있듯이 이 문제에 대한 관점이 미세한 변화를 보이고 있는 것은 최근의 일일 뿐이다.

엘머 데이비스는 이렇게 말한다.

"진실의 상대성은 신문에 종사하는 누구에게나 흔한 일이다. 심지어 인식론을 전혀 공부하지 않은 사람에게도 그렇다. 그리고 이렇게 표현해도 될지는 모르겠지만, 진실은 다른 어떤 곳보다 워싱턴에서 한층 더 상대적이다. 시시때때로 명백한 성명을 발표하는 것은 가능하다. 즉, 이런저런 내용의 법안이 상하 양원 중 한 곳에서 통과되었거나 통과되지 못했다. 행정부가 이런저런 성명을 발표했다. 어떤 법안을 대통령이 승인했거나 거부했다.

하지만 워싱턴에서 나오는 대부분의 뉴스는 필연적으로 상당히 모호하다. 실명이거나 심지어 인물 묘사로도 인용되기를 꺼려하는 정치인의 주장에 의존하기 때문이다. 이것은 다른 어떤 것보다 워싱턴 발 뉴스에 자욱하게 끼어 있는 일종의 안개인 유독한 아지랑이가 원인이 된다. 워싱턴 발 뉴스는 실제 상황이 아니라 만일의 사태 하에서 그렇게 될 수도 있는 상황, 실제로 나타날 수 있는 상황, 어느 유명인사가 실제라고 말하거나 실제상황은 아니지만 대중이 그렇게 믿기를 원하는 상황으로 나타나는 경향이 있다."

소위 뚜렷한 여론이 있다는 대부분의 주제들은 〈뉴욕 타임스〉

연대기 편찬자가 설명한 워싱턴 발 뉴스보다 훨씬 더 모호하고 명확하지 않으며, 실체와 그 파급효과는 훨씬 더 복잡하다. 예를 들어, 평범한 시민들이 별 생각 없이 처리하는 복잡한 문제들을 생각해보자. 정보가 없는 일반 대중은 별다른 고려 없이 새로운 의학이론을 비난할 수 있다. 의학의 역사가 증명하듯이 그 판단은 옳을 수도 있고 틀릴 수도 있다.

우리가 보아왔듯이 정치적, 경제적, 도덕적 판단들은 신중한 판단의 결과이기보다 군중심리와 집단반응의 표출인 경우가 더 많다. 이것이 필연적이지 않다는 것을 믿기는 어렵다. 수백만 명의 사람들이 어떤 식으로든 다른 사람들과 타협해야 하는 사회에서 여론은 사회 전체적으로나 한 사람이 속해 있는 특정한 집단이거나 사회의 평균적인 구성원의 지성에 근거한 통일성의 수준을 찾아내야만 한다.

사람들마다 모든 문제에 대한 서로 다른 사실들이 있다. 사회는 절대적인 진실을 찾을 때까지 기다리지 못한다. 판단을 내리기 전에 모든 문제를 신중하게 평가할 수 없는 것이다. 그 결과 사회가 믿고 따르는 소위 진리는 서로 상충되는 욕망들 사이의 타협과 많은 사람들의 해석에서 탄생한다.

일단 결정되면 사회는 그것들을 인정하고 편협하게 유지한다. 생각들 사이에 벌어지는 투쟁에서, 유일한 시험대는 대법관인 홈스가 지적했듯이, '시장의 공개경쟁에서 스스로 인정받은 생각의 힘'뿐이 없다.

새로운 생각이 신뢰를 얻는 유일한 방법은 집단의 승인을 통과하는 것이다. 단순히 개인의 지지만 얻게 된다면 그 진실은 일반적으로 축적된 지식과 신념에 포함되지 못할 것이다. 홍보고문의 역할은 소수자 또는 반대자의 견해를 억압하려는 욕망을 완화시키는데 도움을 준다.

홍보고문의 기준은 그 자신만의 고유한 기준이며 그것에 부합하지 않는 기준을 가진 의뢰인의 일은 맡지 않을 것이다. 변호사가 의뢰인의 사건을 판단하도록 요구받는 정도로 그가 관여하는 문제의 가치를 판단하도록 요구받지는 않겠지만, 그럼에도 그는 도덕적인 관점에서 자신의 작업이 이루어낼 결과들은 판단해야만 한다.

법에서는 재판관과 배심원이 결정적으로 힘의 균형을 유지한다. 여론에서는 홍보고문이 재판관이며 배심원이다. 사건에 대한 그의 변론을 통해 대중은 그의 의견과 판단에 동의할 가능성이 높기 때문이다. 그래서 홍보고문은 반사회적이거나 해로운 사회운동이나 생각의 전파를 피하면서 자신의 행위들을 철저하게 감시해야만 한다.

모든 홍보고문은 비록 법정에서는 타당하지만 여론이라는 최고법정에서는 의문스러운 사건의 의뢰인은 거부할 필요가 있다.

　홍보고문의 사회적 가치는 다른 방법으로는 흔쾌히 인정받지 못했을 사회적으로 유익한 사실과 생각들을 대중에게 제시한다는 사실에 있다. 물론 대중에게 이미 널리 인정받고 있는 개인들을 대표할 수도 있지만, 아직 최대한의 인정이나 집중을 받지 못하고 있는 새로운 가치관을 대표할 수도 있다. 그것 자체가 그를 중요하게 만드는 것이다.

　홍보고문과 의뢰인 사이의 관계에서 사람들이 도덕적인 판단을 내리고 존경받는 삶을 살도록 하는 품위규범의 단순한 반복이 아니라고 말할 수 있는 것은 없다. 홍보고문은 당연히 의뢰인에게 성실하고 효과적인 서비스를 제공할 의무가 있다. 그에게는 전문직 종사자가 서비스를 제공받는 사람과 관련된다고 생각하는 모든 책임을 져야 할 의무가 있다. 하지만 홍보고문이 의뢰인에게 책임져야 할 그 어떤 긍정적인 의무보다 훨씬 더 중요한 것은 그가 살면서 일하고 있는 더 큰 사회를 위해 거절해야 할 의무이다. 즉 그 자신만의 청렴성 기준보다 자신이 대표하는 집단에 대한 의무를 더 우선시하는 입장을 취하거나 보수를 받아서는 안 된다는 것이다.

유럽은 여론과 그 사회적, 역사적 효과들에 대한 가장 최근의 중요한 연구를 우리에게 전해주었다. 이 연구는 세계정세 속에서 여론이 얼마나 중요한 요소가 되었는지에 대한 국제적인 인식의 확산을 생생하게 보여주기 때문에 흥미롭다. 폰 페르디난트 퇴니에스(Von Ferdinand Tönnies) 교수의 최근작에서 발견한 이 문구가 의식적인 여론 형성이 높은 이상을 구현하는 작업이라고 생각하는 모든 사람들에게 특히 의미심장하다고 생각한다.

"여론의 미래는 문명의 미래다. 여론의 영향력은 지속적으로 증가할 것이며 앞으로도 계속 증가할 것이 분명하다. 아래로부터 발생하는 충동에 의해 점점 더 많이 영향을 받고, 변하고, 요동치게 된다는 것 또한 분명하다. 점진적으로 고상해지는 인간 사회와 점진적으로 강화되는 인간 문화에서 이런 발전이 내포하고 있는 위험은 분명하다. 그래서 교양인, 학자, 전문가, 지식인 등 사회 여론주도층의 의무는 명확하다. 그들은 여론에 도덕적이며 정신적인 동기를 도입해야만 한다. 대중의 의견인 여론은 대중의 양심이 되어야 한다."

홍보고문이 자신이 살고 있는 사회에 가장 크게 공헌하는 것은 대중의 양심을 만들어내는 일이라고 나는 믿는다.

부록

새로운 직업의 탄생

여론을 대상으로 사회과학과 심리학 이론을 활용하는 홍보(public relations)라는 새로운 분야를 개척한 에드워드 버네이즈(Edward Bernays)는 1891년 오스트리아 빈의 유대인 가정에서 태어났다. 1892년 그의 가족은 외삼촌인 지그문트 프로이트가 정신분석학이라는 새로운 학문 분야를 개척하고 있던 미국의 뉴욕시로 이주했다.

새롭게 정착한 뉴욕에서 곡물 수출업자로 성공한 아버지의 뜻에 따라 코넬대학에서 농업학을 전공했다. 1912년 졸업 후 뉴욕시 농산물 거래소에서 잠시 곡물유통 업무를 하다가 친구인 프레드 로빈슨과 함께 의학평론 잡지인 〈메디컬 리뷰 오브 리뷰스〉의 공동편집자가 되어 언론 활동을 시작했다.

여기에서 그는 당시의 사회에서 금기시하고 있던 성병과 매춘의 문제를 정면으로 다루는 연극 〈손상된 상품(Damaged Goods)〉에 관심을 갖게 된다. 프랑스 극작가 외젠 브리외의 작품을 영어로 번안한 이 작품을 무대에 올리려던 연출자는 사회적 편견으로 인해 어려움을 겪고 있었다.

버네이즈는 자신의 잡지에 이 작품에 대한 긍정적인 논평을 게시하고, 연출자에게 적극적으로 지원하겠다는 편지를 보냈다. 그는 이 연극을 올바른 '성교육을 위한 선전 연극'으로 규정하고 상연을 위해 '사회기금위원회'를 구성하여 록펠러와 프랭클린 루즈벨트 부부와 같은 상류층 유명인사의 참여를 이끌어냈다. 작품은 큰 성공을 거두었으며, 성교육에 대한 사회적인 관심도 높아졌다. 마침내 자신의 천직을 찾게 된 버네이즈는 다양한 공연의 언론홍보 담당자로 활동하면서 훗날 그의 전형적인 홍보 수단이 되는 기법들을 활용했다.

미국이 제1차 세계대전에 참전하면서 그는 전쟁 지원을 위한 선전기관인 미국 연방공보위원회(CPI)에 발탁되었다. 그는 기관의 목적에 맞게 미국시민을 대상으로 전쟁을 '민주주의를 위해 세상을 안전하게 만드는' 과정으로 적극적으로 포장하여 알렸다. 시민들의 애국심을 자극하여 전쟁자금 확보를 위한 애국채권 판매와 청년들의 입대를 독려하기 위한 포스터 제작 등 그의 활동은 미래의 전쟁에서 심리전에 활용되는 전략의 기본이 되었다. 전쟁 직후에 열린 파리평화회담에서는 CPI의 활동을 지원하는 16인 공보집단의 일원이 되었다. 그는 공보집단의 역할을 '미국의 성취와 이상을 전파하기 위한 세계적인 선전활동을 유지하면서 평화회담의 업무를 이해시키는 것'이라고 밝혀 '선전 (프로파간다)'에 대한 논란을 일으켰다.

조작의 아버지

제1차 세계대전이 끝난 후 버네이즈는 1919년 아내인 도리스 플라이슈만과 함께 홍보전문 회사를 설립했다. 최초로 '홍보고문(Public Relations Counsel)'이라는 명칭을 내걸고 활동을 시작하면서 제품의 판매에만 집중하는 기존의 '광고 분야의 사람들'과는 차별화된 전략, 즉 대중심리를 겨냥한 다양한 홍보 캠페인을 개발하여 활용했다. 버네이즈는 CPI에서 활동하면서 습득한 기술들과 저널리스트 월터 리프먼, 사회학자 에버렛 딘 마틴, 심리학자 프로이트의 이론을 적극적으로 도입하여 민주적이며 집합적인 집단의 여론 형성을 위한 수단으로서 선전의 거리낌 없는 지지자가 되었다.

버네이즈는 사회에서 선전과 홍보의 긍정적인 역할을 당당하게 밝히면서 긍정적인 반응과 부정적인 반응을 동시에 얻었다. 평론가들은 홍보의 기초적인 이론을 다룬 그의 첫 책, 《여론, 전문가의 탄생 (Crystallizing Public Opinion)》(1923)을 여론에 대한 선구적인 연구라고 칭찬했지만, 두 번째 책인 《프로파간다(propaganda)》(1928)는 대중 조작을 옹호한다는 이유로 비난을 퍼부었다.

1930년대에는 승승장구하던 그를 비난하는 평론은 더욱 가혹해졌다. 전쟁을 겪으면서 대중은 선전이라는 용어에 반감을 갖게 되었던 것이다. 홍보 분야의 대표적인 인물이며 선전의 악명 높은 옹호자로서 버네이즈는 조제프 괴벨스와 아돌프 히틀러와 같은 유럽의 파시스트와 비교되기도 했다. 버네이즈는 자신의 자서전에서 괴벨스가 자신의 책들을 읽고 활용했던 것이라고 직접 밝히기도 했다.

그는 "선전은 사라지지 않는다. 현명한 사람일수록 선전이 생산적인 목표 달성과 무질서를 바로잡는데 필요한 현대적 도구라는 것을 알고 있다."고 주장했다. 자신의 책에서 여론과 홍보의 이론적인 근거로서 자주 인용했던 월터 리프먼이 '선전은 검열에 의존한다'는 부정적인 평가를 하는 것에 대해서는 '나는 그와 정확히 반대되는 것이 보다 더 진실에 가깝다고 생각한다. 선전은 집단의 마음과 군중의 반응이라는 검열을 극복하려는 목적이 있는 의도적인 노력이다'라고 반론을 펼치기도 했다.

이런 그에 대한 평가는 극단적이어서, 〈에디터 & 퍼블리셔〉 지에서는 '우리 시대의 젊은 마키아벨리'라고 했으며, 대법관 프랑크푸르터는 루즈벨트 대통령에게 보낸 편지에서 버네이즈를 '어리석음과 광신 그리고 이기심'을 이용해 '직업적으로 대중의 마음에 해악을 끼치는 독'이라고 비난했다. 버네이즈의 전기인 《조작의 아버지(The Father of Spin)》를 집필한 래리 타이(Larry Tye)는 그를 '모순덩어리'라고 평가했다.

여론이 사회적 합의의 결과물인 것처럼 언어 또한 사회적 합의의 과정을 거친다. 그가 적극적으로 옹호했던 '선전'은 100년의 시간이 지난 지금 주로 부정적인 의미로 사용되고 있다.

홍보의 아버지

이 책《여론, 전문가의 탄생》은 여론이 어떻게 만들어지고, 공유되는지를 명확하게 밝히는 독창적인 작품으로 기업과 정부가 대중의 태도에 영향을 끼치기 위해 활용해야 하는 원칙들을 규정하고 있다.

당시에는 새로운 직업이었던 '홍보고문'의 입문서인 이 책은 홍보전문가가 의뢰인의 이익을 대신하여 여론을 형성하기 위해 활용하는 '도구와 기법들' 상세하게 설명하고 있다. 버네이즈가 이 책에서 밝혀놓은 생각들을 채택하여, 정부와 광고업자들은 '마치 군대가 조직을 통제하는 것처럼 대중의 정신을 통제'할 수 있었다.

'대중은 짐승의 무리처럼 행동한다'는 그의 견해는 대중에게 영향력을 행사하려는 사람이나 조직이 활용할 수 있는 구체적인 방법으로 이어진다. 선전과 광고의 세계를 소개하면서 그는 어떻게 미국인의 아침식사에 베이컨을 추가시키고, 사람들이 철도회사나 정부에 대해 호감을 갖도록 만들 것인지를 다양한 사례들을 통해 보여준다.

'군중은 경쟁을 좋아한다'는 그의 견해는 오늘날 언론과 소셜 미디어의 게시물에서 매일 확인할 수 있다. 트위터와 페이스북에 일상적으로 등장하는 적대적이며 빈정거리는 대중의 태도는 그가 주목한 '무리의 관점'이 반영된 것이다.

1923년부터 뉴욕대학교에서는 최초로 '홍보'라는 교과과정을 개설했으며 그의 책《홍보(Public Relations)》(1952)와《합의의 기술(The Engineering Consent)》(1955)은 훌륭한 교과서로 활용되고 있다.

오늘날, 그의 책 제목인 '합의의 기술'은 홍보를 정의하는 말로 자주 인용된다. 그의 설명에 따르면, 합의의 기술이란 '대중에게 공학적 접근법을 활용하는 것이다. 즉, 오직 상황에 대한 철저한 이해와 과학적 원리와 검증된 기술의 적용에 근거하여, 대중이 새로운 아이디어와 프로그램을 지지하도록 설득하는 활동'이라는 것이다.

1995년 그가 사망했을 때, 언론에 게재된 그의 부고기사에서는 한결같이 그를 '현대 홍보의 아버지'로 표현했다. 미국의 잡지 라이프는 1990년에 그를 '20세기의 가장 중요한 미국인 100명'에 선정했다.

월터 리프먼(Walter Lippmann, 1889~1974)

뉴스와 진실은 동의어가 아니다

풀리처상을 두 번 수상한 저널리스트로 20세기의 미국에서 가장 영향력 있는 정치평론가였다. 민주주의와 공산주의가 대결하던 이데올로기 시대를 상징하는 '냉전'이라는 개념을 처음으로 소개했으며, '여론'을 비합리적인 사회심리학적 현상으로 비판하면서 대중과 여론의 관계를 연구한 명저들을 남겼다.

1889년 미국 뉴욕에서 독일계 유대인의 아들로 태어난 리프먼은 직물 사업과 부동산업으로 재산을 축적한 비교적 부유한 계층에서 자랐다. 독일의 전통적인 엘리트주의적이고 엄격한 사립학교에서 고대 그리스어와 라틴어를 공부했다. 17세에 하버드대에 입학하여 철학과 역사, 독일어와 프랑스어를 공부하고 3년만에 졸업했다. 하버드대의 중요한 사교클럽에서 유대인이라는 이유로 회원 가입이 거부되기도 했다.

청년시절의 리프먼은 뉴욕 사회당의 당원으로 활동했지만 사회주의 정책에 동의할 수 없어 4개월 만에 탈당했다. 1914년 자유주의 성향의 잡지 〈뉴 리퍼블릭(The New Republic)〉을 창간하고, 제1차 세계대전에 미국이 참전해야 된다는 사설과 칼럼을 게재했으며, 그의 기사는 대통령인 우드로 윌슨의 관심을 끌게 되었다.

제2차 세계대전에 육군 대위로 참전했으며 전후에는 윌슨 대통령의 고문이 되어 1917년 윌슨의 '14개조 평화원칙'의 초안 작성을 도왔다. 그는 대통령이 연방공보위원회에서 전시 선전활동을 이끌도록 임명한 조지 크릴(George Creel)을 날카롭게 비판하면서, 전쟁이라는 이유로 시도되는 검열이 보도하려는 사건들을 부적절하게 설명하는 경우가 많다고 경계했다.

신문 보도의 부정확성을 중심으로 언론의 올바른 기능에 대한 1920년 '뉴스의 시험'이라는 연구에서는 러시아의 볼셰비키 혁명에 대한 〈뉴욕 타임스〉 보도의 객관성과 중립성에 대한 여러 가지 비판적인 분석을 내놓았다.

언론인과 미디어 평론가로서의 활발한 활동을 펼치기 시작한 그는 1920년 그의 저서 《자유와 뉴스(Liberty and News)》를 통해 자유와 민주주의 사이의 긴장 관계를 조화시키려 시도했다.

1921년부터 자유주의적 일간지 〈뉴욕 월드〉에 10년 간 사설을 게재했으며, 1931년부터는 〈뉴욕 헤럴드 트리뷴〉에서 수많은 칼럼을 발표했다. 그 중에서 1931년의 신문연합 칼럼인 〈오늘과 내일〉은 리프먼에게 퓰리처상을 안겨주었으며, 정치평론가로서의 그의 영향력은 한층 더 커졌다.

1947년에 《냉전》을 출간하면서 전 세계에 '냉전'이라는 정치용어를 확산시켰으며, 미국의 외교관이며 정치가인 조지 캐넌이 주장했던 소련봉쇄 전략에 반대하며 유럽에서 소련의 영향력을 존중할 필요성이 있다고 주장했다.

리프먼은 이후 미국 대통령의 비공식 고문으로 활동했으며 1964년에는 린든 존슨 대통령으로부터 '자유의 훈장'을 받았지만, 베트남 전쟁을 비판하면서 존슨 대통령과 불화를 겪기도 했다.

당대의 민주주의와 미디어를 신문칼럼과 저서를 통해 적극적으로 분석하고 비판한 리프먼의 사상은 정치심리학이 아직 정립되지 않았던 시기에 새로운 연구 방향을 제시했다.

그는 언론인을 포함하여 많은 사람들이 비판적 사고로 판단하기보다 '머릿속에 미리 그려져 있는 그림'을 믿는 경향이 있다고 주장했다. 즉 '우리는 먼저 본 다음에 정의를 내리는 것이 아니라, 일단 정의를 내리고 난 다음에 본다'는 것이다.

리프먼은 뉴스와 진실이 동의어라고 생각하지 않았다. 그러나 '뉴스의 기능은 사건을 알려야 하는 것이며, 진실의 기능은 숨겨진 사실을 밝히고 그것들을 서로 연관시켜 사람들이 행동할 수 있는 현실이라는 그림을 그리는' 방향으로 나아가야 한다고 했다.

또한 민주주의의 기본 문제는 뉴스의 정확성과 정보 출처의 보호에 있다고 말한다. 왜곡된 정보가 인간의 마음에 도달하기 전에 사실을 수집하고 분석하는 것이 가장 이상적인 미디어의 역할이라고 보았다. 그러나 의사결정을 하기 전에 '고정관념'을 바탕으로 한 해석에 의존하게 된다면 우리의 인식은 부분적으로만 진리일 수 있다는 점을 지적하면서, 그것이 민주주의의 이상을 약화시킨다는 비판을 제시했다.

사후의 그에게는 20세기의 '가장 영향력 있는 저널리스트' 또는 '현대 저널리즘의 아버지'까지 다양한 찬사가 쏟아졌다. 그의 저서 《여론》은 '현대 저널리즘의 기초'라는 높은 평가를 받고 있으며 그 명성은 지금까지 이어지고 있다.

윌프레드 트로터(Wilfred Batten Lewis Trotter 1872~1939)

군중심리학의 시작

신경외과의 선구자인 영국의 의사로 1908년에 출판된 두 편의 논문과 저서 《평화와 전쟁 시기의 무리의 본능》에서 처음으로 사회심리학의 관점에서 군중본능의 개념을 포괄적으로 제시했다.

1872년 영국 글로스터셔 주의 콜퍼드에서 태어났으며, 16세에 대학 진학을 위해 런던으로 이사했다. 1901년 런던의 유니버시티 칼리지 병원(University College Hospital)에서 학위를 받고 외과교수로 근무하면서 1928~1932년까지 조지 5세의 명예 외과의사직을 역임했다.

1931년 5월에 영국왕립학회의 회원으로 선출되었으며, 1932년에는 외과의사협회 회장으로 선출되었다. 1908년 잘츠부르크에서 열린 첫번째 정신분석학 모임에서 만난 프로이트의 정신분석 이론을 줄곧 지지했다. 생애의 마지막까지 대학의 교수이며 외과과장으로 활동하면서 열정적인 저술 활동을 펼쳐 1938년에는 왕립의학학회로부터 금메달을 수상했다.

에드워드 버네이즈는 자신의 저서 《프로파간다》에서 윌프레드 트로터의 생각을 자주 인용하여 군중심리와 선전의 상호 영향력에 대해 고찰한다.

1919년에 출간된 그의 저서 《평화와 전쟁 시기의 무리의 본능》은 집단심리학과 군중심리의 영향을 받는 개인에 대한 연구다. 프랑스 사회심리학자 귀스타브 르 봉에 의해 처음 제시된 '집단행동' 또는 '집단정신'의 개념을 영어로 번역하여 소개했으며, 개인의 의지를 압도하는 집단적 본능의 실체를 이론적으로 정리했다.

1905년부터 시작된 그의 이론은 1908년, 1909년에 두 편의 논문인 '집단본능과 그것이 문명인의 심리에 미치는 영향'으로 출판되었다. 트로터의 연구는 이 분야에 대한 중요성이 다양한 분야에서 확산되기 훨씬 전에 집단행동에 대한 이해의 시발점이 되었다는 평가를 받고 있다.

에버렛 딘 마틴(Everett Dean Martin, 1880~1941)

군중심리에 대한 과학적 접근

미국의 목사이며, 언론인, 사회 심리학자로 현대적인 성인교육의 옹호자로 활동했다.

1880년 미국 일리노이 주 잭슨빌에서 태어났다. 잭슨빌의 일리노이 대학에서 24세의 나이에 최고 성적으로 졸업하고 문학박사 학위를 받았다. 시카고의 맥코믹 신학대에서 목사 안수를 받고 1906년부터 1915년까지 일리노이와 아이오와 주의 교회에서 목사로 활동했다. 목사로 재직하는 동안 연설가로 명성을 쌓으면서 1914~1915년 사이에는 디모인(Des Moines)에서 발간되는 〈레지스터 앤 리더〉 신문의 특집

칼럼니스트로 활동했다.

　제1차 세계대전 중인 1915년 디모인에 있는 〈뉴욕 글로브〉로 옮겨 논설위원으로 활동했다. 그후 1917년 11월에 뉴욕시 쿠퍼유니언 부설 국민연구소(과학과 예술 발전을 위한 무료강좌대학)에서 사회학, 심리학, 행동사회학, 성인 교육, 군중의 심리학 등을 주제로 강의하면서 교육자이자 사회비평가로 다양한 활동을 시작했다.

　그는 성인의 자유교육을 옹호하면서 '군중에 휩쓸리는 비합리성과 선전의 힘에 대항하는 해독제'가 된다고 주장했다. 이곳에서의 강의를 바탕으로 1920년 《군중의 행동(The Behavior of Crowds)》을 출간했으며, 1934년 이 연구소가 문을 닫을 때까지 강의와 저술 활동을 계속했다.

　1921년 포드 홀 공개 자유토론회에 초청된 그는 '군중심리'를 주제로, 1922년에는 '여론의 우상숭배'를 주제로 강연했다. 자신감 넘치는 그의 공개강연은 전국적인 명성을 얻게 되어 수천 명의 사람들이 그의 강의를 듣기 위해 모여 들었다. 카네기재단의 프레데릭 폴 케플러와 교류를 쌓게 되어 재단의 성인교육 프로그램을 추진하는데 결정적인 역할을 맡았다.

　저서로 《종교의 수수께끼》(1924), 《일반교양 교육의 의미》(1926), 《개인과 대중의 갈등》(1932), 《혁명에 고하는 작별》(1935) 등이 있다.

　그의 대표작으로 꼽히는 《군중의 행동》은 군중심리를 분석하는 과학적 연구이다. 군중의 심리가 문명을 압박하는 심각한 요소가 되고 있다고 판단한 그는 '사회 행동으로 통칭되는 수많은 행동을 결정하는 무의식적 심리 요인'이 있으며, 이런 무의식의 자극을 받아 특성화된 사회 행동 유형들이 존재한다고 주장했다. 이러한 현상을 드러내는 집단을 '군중'이라고 지칭했다.

이 책의 주제는 군중에 대한 정의로부터 출발하여, 다양한 사회현상으로 나타나는 군중의 심리, 증오심, 지배욕구, 혁명 군중에 대한 분석까지 다룬다. 그리고 인문주의 교육과 함께 자유롭고 독립적인 정신의 소유자가 될 수 있는 대안들을 제시한다.

그가 제시한 방안은 오랫동안 강의해 온 주제 중의 한 가지인 성인 교육에서 비롯된 것이다. 1926년에 출간된 《일반교양 교육의 의미》는 '미국의 성인교육의 이해에 대한 가장 중요한 공헌'으로 평가받는다.

1928년 미국의 철학자이며 교육학자인 존 듀이는 '최근에 출판된 최고의 교육서적'으로 추천했다. 1929년 3월에는 에드워드 버네이즈와 '우리는 보이지 않는 주인인 선전의 희생자인가'라는 주제로 토론했다. 1936년부터 1941년까지 캘리포니아의 스크립스 컬리지에서 사회심리학을 가르쳤다.